喬木
書房

喬木書房

The wisdom of life

一生相伴的智慧

你擁有多少的智慧，就會有什麼樣的人生。

阿爾伯特・哈伯德——著　杜　風——譯

一個人最大的財富就是智慧，因為智慧可以創造無窮的財富，
而且這些財富會伴你一生，你永遠也不必擔心會失去它們。

在這個世界上，有非常多的聰明人，但有智慧的人又有幾個。

目錄

對於每個人而言，人生只有一次，沒有人能夠例外。有的人一生過得很充實，成功、幸福和快樂也對他格外的青睞，而有的人卻剛好相反，為什麼會是這樣呢？我發現，這主要是由一個人的智慧所決定的。你擁有多少的智慧，你就會有什麼樣的人生。

CONTENTS | 目錄 |

工作是每個人的立身之本，這裏面有很深的學問。不會工作的人，他的生活肯定是一團糟，並且與成功無緣。在這個世界上，只有少部分的人，他們有切實可行的目標，把工作當做是一種樂趣，並且能集中全力去做一件事；但大部分的人則恰恰相反，這就是百萬富翁和窮光蛋的主要區別。

CONTENTS | 目錄 |

前言

我渴望擁有更多的智慧，因為我知道，是智慧使我變得富有。所以，我一直不斷地在學習和思考，期望進一步增進我的智慧，同時，我也希望所有的人來分享我所擁有的智慧，並且好好地把握它們。

在最近的幾年裏，我一邊忙於經營出版社，一邊致力於演講事業。在我的聽眾當中，有富人也有窮人；有博學多才的人，也有沒有受教育的人。但我發現，他們之間共同的特點，就是誰都不想平庸地虛度一生。

他們希望人生能夠豐富多彩，他們嚮往真理，追求智慧。經過長期的觀察我發現，一方面，對於獲得人生的真理與智慧，他們有著無比強烈的慾望，而另一方面，不少人卻始終站在生命真相的大門之外，彷彿真理與智慧註定與他們無緣。而少部分人更為不幸，他們偏執地認為，即便缺乏某些人生中的智慧，自己照樣能夠生活下去，這樣的觀念不僅使他們的生命失去色彩，並且在渾然不覺中使自己已淪為「精神的乞丐」，而且我敢斷言：最終的結果是，他們終將變為現實人生中的一貧如洗者。

一貧如洗者可以分為兩種，一種是精神層面的乞丐，一種卻是真正為生存而四處行乞的人。我去過世界上很多的國家和地區，也到過一些貧窮落後的地方。經歷過戰爭的洗劫，在斷垣廢墟的城市和鄉村裏，有無數衣衫襤褸的人們，在饑餓與傷病中呻吟、掙扎。在他們當中，有不少人是真正的乞丐，他們使我的心情相當沉重。雖然我經常伸出援助的手，但是我心裏很清楚，面對數量龐大的乞討者，任何暫時性的微不足道的施捨，如同是杯水車薪。

有一件事，我一直不能忘懷，我在印度旅行時，看到幾個貧苦的女子站在路邊，手裏捧著男人的帽子，或者揣著破爛的瓷碗，身體發抖，神情黯然。她們懇求經過的人給予施捨，而那些衣冠楚楚的富人卻視而不見，大步走過。看到這種景象，我很鬱悶和難過。我不禁開始思考一連串的問題：為什麼有的人衣食無憂，有的人卻落入行乞的境地？為何人與人之間並非真正「生而平等」？為何有些富貴之人，對於他人的疾苦與困厄毫無惻隱之心？包括行乞者在內，一切受苦受難的人，如何才能實現自救？在與命運的較量與鬥爭當中，一切我們所必須的智慧和勇氣從何而來？

也就是從那時候開始，諸如此類的問題，經常在我的腦海裏浮現。它們像是暗夜裏忽明忽暗的火把，有時使我的心靈豁然開朗，有時又不免陷入困惑。而且，我越來越意識到，人生的問題遠不只這些。對於大多數的人來說，這些問題遍布眼前，像密密麻麻的荊棘。面對它們，沒有別的方法，我們只有借助於「智慧」，才能把叢生的荊棘連根斬斷。

在閒暇之餘，我喜歡讀書，這是多年來養成的習慣。我閱讀過古往今來很多名家經典之作，其中包括文學作品、理論著作、日記、書信、演講實錄、自傳、回憶錄等等，而「智慧」這一主題，尤其是我閱讀的關鍵重點。透過閱讀一切有關「智慧」的思想與言論，我領略了豐富的社會閱歷，參透了深邃的人生哲理，感受到了發人深省的教誨，接受了令人耳目一新的觀點。我不但做了大量摘錄和筆記，而且結合自己的見聞、經驗和體會，對各種人生問題和現象深入思考，提出了自己的見解。

關於智慧，總是珍藏著許多發人深省的故事，下面就是其中的一個。

一個寒冷的冬天，在紐約一條繁華的大街上，有一個雙目失明的乞丐。乞丐的脖子上，掛著一塊牌子，上面寫著：「自幼失明」，但他得到的同情和施捨並不多。有一天，一個詩人走近他的身旁，他便向詩人乞討。詩人說：「我也很窮，不過，我給你點別的吧。」說完，他便隨手在乞丐的牌子上，寫下了一些字。那一天，乞丐得到了很多人的同情和施捨。後來，他又碰到那個詩人，好奇地問：「你在我的牌子上寫了些什麼呢？」那詩人笑笑，於是念起牌子上他所寫的字：「春天，就要來了，可是，我無法看到它。」

你看，一個看似簡單而平凡的故事，卻蘊藏著智慧與力量的光芒。它會使我們的眼前靈光一閃，就像黎明前的一束陽光穿透了黑暗。它使我們明白：智慧不但賦予我們力量和靈感，而且帶給我們幸福和感動。……

總而言之，只有那種具有無限力量的智慧，才可以改變我們的命運；只有那種能夠相伴一生的智慧，在我們的生命當中，才是最有力、最真誠、最永久的伴侶。

第一章

人生中的智慧

對於每個人而言，人生只有一次，沒有人能夠例外。有的人一生過得很充實，成功、幸福和快樂也對他格外的青睞，而有的人卻剛好相反，為什麼會是這樣呢？我發現，這主要是由一個人的智慧所決定的。你擁有多少的智慧，你就會有什麼樣的人生。

做人做事都需要有智慧

我們的一生都在做人做事上，把人做好，把事做好都需要有智慧，我這裡所說的智慧，不是指那些小技巧和小聰明，而是人生中的大智慧。

耶穌說：「一個人賺得了整個世界，卻喪失了自我，又有何益？」他在向門徒透露自己的基督身份後，說了這句話，可謂意義深遠。

真正的救世主，就在我們每個人身上，便是那個清明寧靜的自我。這個自我，只要我們能守住它，就差不多可以說是上帝與我們同在了。守不住它，一味沈淪於世界，我們就會渾渾噩噩、隨波逐流，世界也將沸沸揚揚，永無安寧的希望。

在《格林童話》中，有這樣一個故事，大致上是說：有一位叫漢斯的青年，意外得到了一塊很大的金子。在回家的路上，他發現，擁有一匹馬要比一塊金子強得多，因為騎馬是何等快活的一件事呀。於是，他用金子換了一匹馬。但是，在路上馬失前蹄，騎在馬上的漢斯摔了下來，他覺得不划算，於是用馬換了一頭乳牛。接下來，漢斯相繼用乳牛換了一頭豬，又用豬換了一隻烤鵝。最後，他聽了一個磨刀匠的話，用他的烤鵝換了一塊磨刀石。現在，漢斯揹著一塊沉重的磨刀石往回家的路上走。他心想：「自己是多麼幸福呀，有了這塊磨刀石，以後的生計，就不用發愁了。」但這塊磨刀石實在是太重了，導致漢斯累得受不了。最後，漢斯來到井口邊喝水，一不小心，磨刀石便掉到井裏去了。這下子，漢斯擺脫了唯一的累贅。他覺得普天之下，沒有可以比他更幸福的人了。於是，他一身輕鬆、幸福快樂地回到家裏。

讀了這則童話故事後，我們便會心領會神地笑笑：多麼可憐的漢斯！他有一塊那麼大的金子，可是最後卻什麼都沒有了。但是，在笑過之後，又不僅替他感到惋惜：漢斯可真是個傻瓜，他的舉動和想法是多麼的愚蠢！我們會在私底下這麼想：如果是我們，大概會弄來一塊石頭，然後想方設法換來一隻烤鵝，再換來一頭豬，一頭乳牛，一匹馬，最後再把它換成一塊金子。

的確是這樣的，我們一生都在這麼想，這麼做。為此，我們整日東奔西走，氣喘呼呼。我們寧可不惜一切代價，爾虞我詐，勾心鬥角。最後，用一生的時間為代價，終於達到了目的。但是，且慢—等我們抬起頭來，卻驚訝地發現，我們來到了死神的屋簷下，我們都將不得不永遠消失。唯一不同的是，我們留下了一塊很大的金子，以及充滿煩惱的一生；而漢斯留下的，是幸福和快樂的一生。

我們的做法，並不是「智慧」之舉，我們並沒有看到自己的局限性，我們甚至連「精明」都談不上。任何一個人，固然可以憑藉著聰明、勤勞和運氣賺錢，但是如何看待它們，卻需要靠我們的智慧了。不管你對將來的生活做出什麼的選擇，請記住這一點：在這個世界上，引導我們通往有價值的、愉快的人生的道路，是有非常多的選擇，不過，在你要達到這個目標時，卻需要擁有真正意義上的智慧。

舉例來說，如果你有興趣一生從事科學的事業，你就必須有這樣的預見：選擇從事科學工作，意味著獻身於真理，而不是因為能獲得崇高的聲譽。由於工作上的突出或做出有價值的發現，因此受到人們的賞識，這當然是一件快樂的事情。但是，獲得崇高的聲譽畢竟是少數的，而且，許多非常優秀的工作上表現往往也會被人所忽視。所以你應該理性地知道，從你所從事的工作中獲得滿足，或不時地從實驗的成功中獲得滿足，才是工作最重要的內容。明白了這一點，才是擁有智慧的體現。

真正的幸福和快樂

有一次，我到住在山區的朋友那裡渡假。黃昏時分，朋友在後院整理花草，貓兒在樹下打盹，鳥兒紛紛歸巢，房子的白牆，反射著太陽最後一抹餘暉，屋裏飄出陣陣馬鈴薯燉肉的香氣。時間彷彿停滯，凝結成一幅溫馨宜人的畫面。抬頭遠望，山腳下已完全暗淡下來，家家戶戶都透著溫暖的燈光，燈光下，是全家人圍在餐桌上用餐的溫馨畫面，偶爾還會傳出幾句的笑聲。

當時我不禁想到：「幸福，不就是這樣嗎？不需要太多的鋪張，不需要多麼複雜的願望，只是每天生活上的小事，就能構成了幸福的要素。」幸福是平淡安適的生活，早晨跟鄰居互道早安；幸福是父母健康、快樂，或者彼此住得很近，天天可以見面；幸福是擁有可彼此緊握、一生相隨的牽手，我認為，幸福，或許就是這麼簡單。

但是，幸福，又未必是這麼簡單。關於幸福和快樂，從許多前人的描述中，就可以感覺得到，這是一種很少為人們所獲得的奢侈品。

人一生中更多的時候是寂寞和苦悶；快樂和歡聚，只佔人生的少部分。由此看來，人生一世，痛苦、悲傷、孤獨和苦悶，佔據了人生的大部分時間，而幸福只不過是人生的點綴而已。

平心而論，幸福是一種非常個人化的感受，十個人，可能就有十種答案。如果你要想瞭解它、捕捉它，它又像是來無影去無蹤。所以，幸福像一種花非花、霧非霧，夜半來、天明去的物質。很難有量化的標準，來判斷一個人到底是幸福還是不幸，是歡樂還是痛苦。所以，談論幸福和歡樂的感受，難以用科學的方法來測定和判斷。但是，幸福這種心靈的感受，又並非不可捕捉，你常常能感覺到它的存在。比如，開懷大笑，無疑說明你是快樂的、幸福的；暗自哭泣或嚎啕大哭，則說明你是悲傷的、痛苦的。不同的社會階層，對幸福的理解當然也不同。而且，即使是相同的一個人，在不同的時間點，對幸福的理解和對生活的需求，也會差別極大。所以，幸福乃是一種相當自我的主觀感受。

當有些人雖然不能待在高薪職位上時，只要他們內心相信，會有新的機遇為他們打開大門，他們將會活的幸福快樂。而且，生命中還有許多積極的因素，如社會支持、家庭和親人的愛。但不可否認，無論在何種社會形態下，離異、死亡、失業，是使人們產生負面情緒的三種重要因素。一朝發財，固然可以讓人高興，但這種情況的發生，頂多持續一、兩年，時間未必長久。

總體而言，幸福大多時候是隨收入的增加而增加。一天賺一美元與一天賺五美元，顯然是不一樣的。因為，這意味著一個人和其家庭，每天是否有吃的或吃得比較好。但是，在一般人眼中，收入增多讓人感到幸福的情形，總是只佔生活中很小的一部分。

還有人認為，有了孩子是獲得幸福的最重要的因素之一，但是，問題並非如此簡單。有孩子和沒有孩子的人，基本上對其生活是同樣滿意的。研究發現，當有了孩子之後，人們對其生活或許能感到更為滿意，不過，一、兩年後，他們的幸福感又退回到之前的水平，甚至低於之前他們感覺幸福的基準線。

真正能保持長久幸福和快樂的人，是那種在盡了自己最大努力後，能達到目標的人。他們的慾望和需求，是一種摘得到的蘋果，無論是踩著一張椅子，還是經由助跑跳起來摘取都能到手的蘋果。換句話說，慾望不要太強，或者別讓自我壓力太大，才可能達到某種幸福或平和的最高境界。

反過來也可以理解成：一個人的不幸福和不快樂，可能是期望值過高所致。透過自己盡力後而能達到目標，總是最有趣的，也是最能吸引人的事情，而且持續的時間也最長久，無論是對於個人的生活，還是某種職業或事業，這正是幸福和快樂的泉源所在。

厄運打不垮信念

對於許多人，尤其是年輕人來說，前途未可預見。人生變數很多，會有幸福的日子來臨，也會有陷進不幸的深淵，總歸難以定論。但是，有一點是毋庸置疑的，那就是必須勇於迎接難以預料的事情。沒有人敢說我們的一生永遠都是晴天；沒有人能預知，森林中是否潛藏著毒蛇猛獸；也沒有人能勾勒出命運的風刀霜劍；更沒有人能預算出，何時將面臨死亡。

然而，外界雖不能把握，但行動卻可以產生力量。你也許不知道，命運將在哪個轉彎處踉蹌、跌倒，但我們卻肯定明白，即使重重摔倒在地，也依然需要努力地爬起。

一艘船航行在大海中，遇上了突如其來的風暴，最後它沉沒了，全船人員死傷無數。船上有一個人僥倖的緊抓住一塊木板，因此倖免於難。他的木板在風浪中顛簸起伏，如同樹葉一般，被吹來吹去。他迷失了方向，救援的人也沒有找到他。天漸漸暗了下來，饑餓、寒冷和恐懼一起襲上心頭。然而，他除了這塊木板之外，一無所有，他的心情沮喪到了極點。

他無助地望著天邊。忽然，他看到了遠處有模糊的燈光，他高興得幾乎叫了出來。他奮力的划著木板，向那遠處的燈光前進。然而，那片燈光似乎還是在很遠、很遠，最後天亮了，他也是沒有到達那裡。他繼續吃力地划著木板，他心裏想，那裡既然能看到燈光，就一定是一座城市或者是港口。生存的希望在他心中燃燒著。白天時，燈光看不見，只有在夜晚，那遠處的燈光才會在那裡閃現，像是在對他招手。三天過去了，饑餓、口渴、疲憊更加嚴重地折磨著他，有好多次，他都覺得自己快要崩潰了，但一想到遠處的那片燈光，他內心又忽然增添了許多的力量。第四天，他依然在向那遠處的燈光划去，最後他終於撐不住，昏迷了過去，但是在他的腦海中，依然閃現著那片神奇的燈光。

最後，他終於被一艘經過的船隻救了上來。當他醒過來時，大家才知道，他已經不吃不喝在海上漂流了四天四夜！當有人問他是如何堅持下來時，他指著遠方的那片燈光說：「是那片燈光，給我帶來了希望。」大家仔細一看，哪裡有什麼燈光，那只不過是天邊閃爍的星星而已。

在我們生命的旅途中，一定會遇到各種挫折和困境。這時，只要心裏上有一個堅定的信念，努力奮鬥，就一定會度過難關。在困境中，如果你認為自己真的失敗了，那麼，你就會一蹶不振，如果你對自己說：「一定要堅持下去」，那麼，你就會走過險峻，獲得勝利。

信念，是精神上的一種特殊的力量。只有思想開通，具有相當理性的人，才可能擁有崇高的信念。

真正意義上的信念，永遠是不可戰勝的。在它的面前，一切障礙都得低頭。在所有信念中，最強大的信念是希望。

亞歷山大大帝出發遠征波斯之前，他將所有的財產分配給部下。大臣皮爾底加斯非常驚訝，於是問說：「那麼陛下，您，帶什麼起程呢？」「『希望』。我只帶這一種財物。」亞歷山大回答說。

聽到這個回答，皮爾底加斯說：「那麼，讓我也來分享它吧！」於是，他也謝絕了分配給他的財產。事實上，亞歷山大帶著唯一的『希望』出發，卻帶回來了所要征服的一切。

有一年，一支英國探險隊來到了撒哈拉沙漠的某個地區。他們在茫茫的沙漠裏負重跋涉，陽光下，漫天飛舞的風沙，就像燒紅的鐵砂一般，撲打著探險隊員的臉上。他們口渴似炙、心急如焚——大家的水都已經沒有了。這時，探險隊隊長拿出一只水壺，說：「這裡還有一壺水。但在穿越沙漠前，誰也不能喝。」

於是，一壺水，成了穿越沙漠的信念的源泉，成了求生的寄託。水壺在隊員的手中傳遞，那微重的感覺，使隊員們瀕臨絕望的臉上，又顯露出了堅定的神色。最後，探險隊終於走出了沙漠，掙脫了死神之手。大家喜極而泣，用顫抖的手，擰開了那壺支撐他們精神和希望的水——緩緩流出來的，卻是滿滿的一壺沙子！

英國史學家湯瑪斯·卡萊爾經過多年的艱辛耕耘，終於完成了《法國大革命史》的全部文稿。他將這本鉅著的底稿，全部託付給自己最信賴的朋友米爾，請米爾提出寶貴的意見，以求文稿的進一步完善。隔了幾天，米爾臉色蒼白、上氣不接下氣地跑來，萬般無奈地向卡萊爾說出一個悲慘的消息：《法國大革命史》的底稿，除了少數幾張散頁，已經全被他家裏的女傭當作廢紙，丟進火爐化為灰燼了。突如其來的打擊，卡萊爾異常的沮喪。當初，他每寫完一張，便隨手把原來的筆記、草稿撕得粉碎。他嘔心瀝血撰寫的這部《法國大革命史》，沒有留下任何可以挽回的記錄。

但是，卡萊爾還是重新振作起來。他平靜地說：「這一切，就像我把筆記簿拿給小學老師批改時，老師對我說：『不行！』孩子，你一定要寫得更好些！」他又買了一大疊稿紙，又一次開始了嘔心瀝血的寫作。我們現在所讀到的《法國大革命史》，便是卡萊爾第二次寫作的成果。

不錯，當我們一切順利時，也應該對可能的不測加以預防；當挫折來到時，應該像風平浪靜時那樣的保持鎮靜。因為，在漫長的人生旅途中，實在難以完全避免崎嶇和坎坷。只要出現了一個結局，不管這結局是好還是壞，是勝利還是失敗，是幸運還是厄運，客觀上都是一個嶄新的開始。

最後，請你相信：只要厄運打不垮信念，希望之光就會驅散絕望之雲。

正直的人格是一種偉大的力量

我們知道，時間會磨滅一切，但時間為什麼沒有磨滅林肯的偉大英名，卻使其流傳千古呢？原因在於，林肯一生從不侮辱自己的人格，從不踐踏自己的聲譽，總是那麼正道而行，總是那麼潔身自愛。

像林肯那樣的人格永遠受人敬仰、名字永遠被人傳頌的人，歷史上確實難尋幾位。這就證明了一句話：「正直的人格的確是世間最偉大的力量之一。」

一個年輕人在剛踏入社會的時候，如果他就下定決心要樹立優秀的人格，以此作為成功的基礎，以後做的每一件事情，都不允許他背叛這個人格，這樣的話，他即使不能成為百萬富翁或聲名遠播，但起碼是不會失敗的。高尚的人格和道德，是成功最堅定的依據，但大部分年輕人並不明瞭這一點，他們往往更注重手段和陰謀詭計，卻不重視正直人格的塑造。

許多的年輕人明知故犯，我行我素，還企圖依靠手段和陰謀詭計，去取得事業上的成功，這些人真是頑劣不化、無可救藥。當然也有相當多的年輕人，並不試圖依靠不正當不道德的方法，而是一心以其正直人格去工作，他們取得的成功才不愧是成功，才真正能體現人格的力量。

實際上，成功的要素中本來就包含著誠信、公正和正直。這些優秀品質，統統體現於林肯身上，他如果沒有這樣的人格，真的很難想像他怎麼能做出如此偉大的功績。

我們都應該認識到，在我們身上都有一股很大的人格力量，這種力量讓我們不被金錢所迷惑、被武力所嚇倒。我們每個人，都應不惜一切甚至生命去成全我們的人格。要知道，有史以來凡成就偉大事業的人，不論怎樣的誘惑或威脅也絕不出賣自己的人格。比如巨額的金錢、高貴的地位和富貴，甚至死亡的威脅。

一天，一個顯然做錯了事的人去找林肯來當他的辯護律師，並要求他假造證據，但是林肯嚴辭拒絕了，並且對他說：「我絕不會做這種事，如果你強迫我這麼做，我將在法庭上下意識地宣布：林肯不可信，他是個無恥的騙子。」

如果一個人整日生活在虛偽的言行中，戴著善良的面具卻做著非法的工作，這樣他的良心就會鄙視、嘲諷甚至拋棄自己，他經常受到良心這樣的責問：「你這個騙子，你這個無恥之徒。」總之，虛偽會腐蝕人的品格，破壞人的戰鬥力，最終會完全摧毀人的自尊心和自信心。不管你的面前擺著多少金錢，或是其他諸種難以抗拒的誘惑，你也不可做出違背人格的事，你不要太執著地追名逐利，這會使你才華盡失、人格喪盡，最後成為可憐蟲。

我希望大家都能記住：不管我們從事什麼樣的工作，我們都不能忘記，我們是在做「人」，人應該具有高尚正直的人格，其次才是我們要在工作中做出成績。唯有如此，我們的生命和事業才會有更大的價值。

善良是人生的一座豐碑

有這樣一個故事。

從前，有個國王非常寵愛他年幼的王子，王子要什麼，國王都會千方百計地來滿足他。但是王子卻總是皺眉頭，悶悶不樂。

有一天，一個魔術師來到王宮對國王說他可以使王子快樂起來，國王聽了欣喜萬分，並承諾只要能使王子快樂起來，他願意答應魔術師的任何要求。於是，魔術師把王子帶到一個密室，並用神秘物在白紙上寫了幾個字，並把紙交給王子，請他在暗室裏點燃一根蠟燭放在紙下面，看看紙上會出現什麼，說完便離開了。

王子照著魔術師的話去做，紙上突然浮現出耀眼的藍色字，並出現了九個字組成的一句話，那就是：「每天為人做一件善事。」王子依照魔術師的話去做，果然不久就變得快樂起來了。人活著，只有幫助於人，真誠待人，才可以得到他人的幫助和尊重，也才能獲得真正的快樂。

一位哲學家一次問他的學生：「世界上最可貴的是什麼？」學生們爭先恐後地各抒己見。最後一個學生站起來答道：「世界上最可貴的是善良。」哲學家高興地點點頭：「的確，『善良』二字包含了你們所有的答案。因為，善良的人於己可以自安自足；於人則是可親的朋友、可信的伴侶。」

善良、忠誠、坦率、慷慨，都是非常寶貴的財富，比千萬家產來得有價值。擁有這種財富的人，即使沒有什麼的資本，也能做出傑出的成績來。

如果一個人能夠全心全意地去為他人服務，他的將來必定會有很大的發展空間。人生沒有比善良更寶貴的美德了。

對別人鼓勵和幫助，同樣也會給自己帶來收穫。而那些吝於對人給予同情、幫助的人，同時也把自己推入了孤獨無助的境地。其實，有時只需要幾句鼓勵的話語便可以造就許多的成功者。

人性中最大的弱點之一就是猜忌，總是誤會他人，妄斷他人，對他人有過多的指責。我們應該明白，即使是在惡人之中，也可能會有一、兩個善良人；即使在守財奴之中，也可能會出一、兩個慈善家；即使在懦夫之中，也能躍起一、兩個英雄。

很多人總是因為自私，而看不見他人的長處。其實，要看到他人的長處，必須以善良的態度來待人。用不懷好意的態度來對待他人，是不可能發現他人長處的。

自立自助是打開成功之門的鑰匙

一個人在某一方面缺少才能，於是就不想再努力，以為努力也不會有所進步，這往往是一般人的心態。但還是有許多成功的人，他們在最初的時候其實與常人並沒有什麼兩樣，也沒有什麼特殊的才能，只是因為他們有高過一般人的自信心，而且可以把自信心作為支柱努力奮鬥的信念。想要知道自己的身體裏究竟有多少才能與力量，就一定要去實踐。

和勢力、資本以及親威朋友的扶持相比，自信心更為重要，它對人的成就有不可思議的力量。能使人們克服困難、成就事業、完成發明的就是自信心。

每個人都可以實現自立自助的獨立生活，可是在現實生活中，只有少數人能夠真正自立、自助生活。當然，依賴他人、追隨他人，什麼事都靠人家去思考、去策劃、去工作，這當然要比自己去想、去策劃、去工作要容易得多，也愜意得多。所以當一個人有了依賴觀念，他就會喪失勤勉努力的精神。

有很多的父母為了不讓自己的孩子們在世上奮鬥得太艱苦，於是就給予子女很多的依靠，殊不知，在不知不覺中，這種做法已讓孩子失去了抗壓力。給孩子們所開闢的出路，也許就是給予他們沒有出路。自立自助的能力是每個青年人都應該有的，可惜大多數青年人已經養成依賴性習慣，有了依賴他們就不再想獨立了。能夠充分發展我們的精力與體力的，絕不會是外援和依賴，而是自立自助。世界上能夠獲得成功的人，是擺脫了依賴，具有自信，能夠自主的人。進入成功之門的鑰匙就是自立自助，也同樣是獲得勝利的象徵。

要看船長是否訓練有素，富有經驗，通常在風平浪靜時是看不出來的，只有在狂風暴雨、波濤洶湧、船將顛覆、人人驚恐的時刻，才能夠看出船長的真實本領。最能顯露一個人機智的時候，同樣是在失敗後的掙扎奮鬥過程中。

外界的扶助，或許有時也是一種幸福，但更多的時候情況恰恰相反。

世界上許多人之所以會無所作為，就是因為他們貪圖省事，缺乏自信，不敢照著自己的想法去做。東去詢問，西去探訪，事事要得到他人的同意認可才敢做出決定，像這樣缺乏自立自助精神的人，是不可能會有所作為的。

朋友是人生中的寶貴財富

有人常嘆：「人生得一知己足矣」。人海茫茫，知己確實難覓。我們每一個人都應該學會找尋朋友，珍惜朋友，抓住這一人生中寶貴的財富。

在美國內戰爆發之初，人們經常熱衷於談論幾位總統候選人的條件。有一次，在提到林肯時，一個人說道：「林肯一無所有，他唯一的財富就是眾多的朋友。」的確，林肯非常的貧困，當他當選為所在州的議員時，他特地借錢買了一套比較高檔的服裝，以便在公眾場合露面時顯得比較正式，並且，他還徒步走了一百英哩去就職。而且，還有這樣一件軼事，那就是在林肯當選為美國總統之後，他為了把家人遷移到華盛頓，竟然不得不向朋友借錢。然而，就是這樣一個在物質上窘迫困頓的人，但在友誼上卻是多麼的富有。

朋友是無聲的同伴，朋友是另一個自己─他們之中的每一個人都對對方感興趣的事物感興趣，都盡心盡力地幫助我們在生活中取得成功，對我們的事業鼎力相助，並為我們所取得的每一點進步和成功歡欣雀躍。

如果不是因為朋友替我們擋住那些殘酷無情的打擊和攻擊，並耐心地撫慰我們受傷的心靈，我們之中又有多少人將會落到聲名狼藉、傷痕累累的境地，與此同時，如果沒有朋友為我們帶來顧客、客戶和生意，如果沒有他們始終如一地盡己所能，為我們開闢道路和提供資訊，我們之中的許多人在經濟上將更加顯得困頓。

我所知道的一件最觸動人心的事就是：一個真正的朋友仍然願意去幫助一個自我放棄的人，並且那個人已經喪失了自尊心和自制力。我就認識這樣一個忠實地站在朋友身邊的人，他的朋友由於終日沉溺於酒精和各種的犯罪行為，所以，到了最後他的家庭把他趕出家門。然而，即便是他的父親、母親、妻子和孩子都遺棄了他，這位朋友仍然始終如一地對他保持著忠貞的友誼。在他出去放蕩縱樂的時候，這位朋友常常在深夜裏默默地跟隨著他，有好幾次他都因為爛醉如泥而無法站立，幸虧有他朋友的幫助才免於凍死在戶外。曾經有多少次，這位朋友離開自己舒適溫暖的家，而到骯髒的貧民窟裏去尋找他，幫他抵禦寒冷的侵襲。這種偉大的愛和奉獻最終感化和拯救了這個墮落的朋友，使他重新找回了自己的尊嚴，並回到了溫暖的家庭懷抱。試問，能夠用任何金錢來衡量這種偉大的奉獻的價值嗎？

朋友的信任是一種永久的推動力。當許多人對我們抱以誤解和蔑視，但是朋友仍然能願意相信我們時，這種信任是能夠很大的激勵和鼓舞我們全力奮鬥！西德尼·史密斯說：「生命是由眾多的友誼支撐起來的，愛和被愛中存在著最大的幸福。」

眾多的朋友往往是最有利於我們開創事業的資本。有多少功成名就的人，當初如果不是朋友的鼓勵，而使得他們牢牢地堅守自己的陣地，恐怕早已在他們事業生涯中的某些危急時刻放棄奮鬥、偃旗息鼓了！如果生活中沒有友誼的話，我們的生命將是一片荒蕪貧瘠的沙漠。

如果你正想在某一個行業或商業領域大展宏圖，那麼，你所擁有的許多忠誠的朋友將給予你強而有力的支持。有人說：「命運是友誼決定的。」

如果我們能夠分析一下那些成功人士，以及那些為同事及下屬所推崇的人的生活，並找出他們之所以成功的秘密，那將是一件有趣而有益的事。

我曾經試著對某個人做了這種分析，透過對他的職業進行長時期的仔細觀察和研究之後，我得出這樣一個結論：他的成功至少有百分之二十應該歸功於，他在廣交朋友方面的非凡能力。從他的學生時代起，他就致力於培養這方面的能力，他非常善於把人們吸引和聚集在他的身邊，甚至於朋友們都願意幫忙為他做任何事情的地步（這裡所指的是正當的事情）。

當這個人開始進入社會開創自己的事業時，他在中學和大學期間所建立的友誼發揮了難以估計的作用。深厚的友情不僅為他打開了不同的機會之門，而且也大大增加了他的事業發展。

換句話說，由於眾多朋友的幫助，他的能力也擴大了許多倍。他似乎擁有一種神奇的力量，能夠在做任何一件事情時，獲得朋友們無私和熱忱的支持，朋友們好像總是全心全意地在增進他的利益。

很少有人會對自己事業生涯中，朋友的作用做過適當的評價。絕大多數成功人士都認為，他們之所以能夠脫穎而出是因為其本身卓越的才能，以及他們本身的努力奮鬥；他們總是津津樂道於自己的輝煌成績。他們把成功全部歸因於自己的聰明、才智、精明、努力以及積極進取。他們往往忽略到，眾多的朋友在任何一個時候都會對他們的事業提供支援與幫助。

科爾登就曾經說過：「真正的友誼就像健康一樣，其價值通常只有在失去它的時候才會被重視。」

此外，你朋友們的個性和立場將對你的生活產生很大的影響。在選擇朋友時，必須先確立這樣一個原則，那就是盡可能地選擇那些比你優秀、在各方面領先一步的人做朋友。但這並不是意味著要結交那些在金錢上更富有的人，而是結交那些有著高深的文化素養、受過良好的教育，並有著更廣泛的資訊來源的人。只有和這樣的人交往，你才有可能更多地吸取有助於你成長和發展的經驗。而且在與他們的接觸的過程中，你也會逐漸提升自己的理想，追求更遠大的目標，並付出更大的努力，以便自己有朝一日也能夠成為一個傑出的人物。

享受人生中的悠閒

一個人的富，並不表現在他有多少的資產，以及一本萬利的經營上，而是表現在他能夠擁有足夠的空間，來佈置庭院和花園，或者能夠給自己留下大量的時間用在休閒。同樣，心靈裏擁有開闊的空間，也是非常重要的，如此，才會有思想的自由。窮人和悲慘的人的心靈空間，完全被日常生活的憂慮和身體的痛苦所佔據，所以，他們不可能有思想的自由。

除此之外，「忙人」，也有其不幸的一面。凡是心靈空間被佔據，往往是出自於逼迫。如果說窮人和悲慘的人，是受了貧窮和苦難的逼迫，那麼「忙人」，則是受了名利和責任的逼迫。名利，也是一種貧窮，欲壑難填的痛苦，具有匱乏的特徵，而名利場上的角逐，同樣充滿生存鬥爭的焦慮。

人生在世，皆有責任，大致可分三種情形：一是出自內心的需要，二是為了名利，三是既非內心自覺，又非貪圖名利，完全是職務或客觀情勢所強加，那就與苦難相差無幾了。所以，一個忙人，很可能是一個心靈上的窮人和悲慘的人。我想說的是，無論你多麼熱愛自己的事業，也無論你的事業是什麼，你都要為自己保留一個開闊的心靈空間，一種內在的從容和悠閒。唯有在這個心靈空間中，你才能把事業作為你的生命果實來品嚐。如果沒有這個空間，你永遠在忙碌，你的心靈永遠被與事業相關的各種事務所充塞，那麼，不管你在事業上取得如何的成功，你都只是在損耗了你的生命，而並沒有品嚐到它的果實。

每天上班，我都要經過這樣一條道路：它不寬不窄，不長不短，卻依然可以看著過往匆匆，或者快樂或者憂傷的人群，這讓我覺得活著的真實。各種混雜的氣息，充滿著整個路面，有老者們的漫步，有情人們輕聲的低語，當然，還有一些不知道是什麼，而又無法形容的生活的味道……等等。在這條悠閒的道路上，我擁有了不經意的充實。

悠閒，必須要以我們的切身感覺為證，因為它不只是時間的因素，而是某種特別的心境。通常所說的空閒時間，實際上是指我們感到閒暇的時刻。什麼是閒適？感受它，遠比說明它更難。這與無所事事或遊手好閒無關。在會客室裏等客戶，自然有空閒的時刻，但卻無閒適之感；同樣，我們在火車站換車時，即使等上兩、三個小時，也享受不到那份清閒。這兩種情形，我們都不會感到安寧和自在—能在這種場合安心閱讀、學習或回憶，那是十分罕見的。這時，我們心裏總是煩躁不安，彷彿有什麼東西在那裡作祟，就像我們在童年時代，不停的跟著那腳踏車輪胎轉動的情形一樣。

悠閒，意味著不僅有充裕的時間，而且要有充沛的精力。同時，要真正領略到悠閒的滋味，因為悠閒是要發自內心的自然衝動，而非出自勉強的需要。

悠閒，是一種心境。無知無覺，不是真正的悠閒。人有時非常的矛盾，一個人本來活得好好的，各方面的環境條件都不錯，然而，當事者卻可能心存厭倦。對人類這種因生命的平淡，以及缺少激情而苦惱的心態，有時是不能用不知足來解釋的。

我曾對住在一座森林裏的一對夫妻羨慕不已，因為森林裏有清新的空氣，有一大片的杉樹、竹林，有幽靜的林間小道，有鳥語和花香。然而，他們卻認為，這裡沒有多少值得觀光和留戀的景色，遠不如城市繁華有趣。在這個地方，他們並沒有覺得有多麼悠閒的感受。

或許這對夫妻對這裡太熟悉了，花草樹木，清風明月，在他們漫長的日子裏，已不再有悠閒的含義，而是成為他們習以為常的生活。

在人生的旅途中，最可憐的境遇，往往不是貧困，也不是厄運，而是一個人的精神和心境，處於一種無知無覺的疲憊狀態，並且失去了人生的悠閒之感。

讓意志變得堅強起來

對於想成功的人來說，意志力永遠是第一位的。如果沒有堅強的意志力，想成功是不可能的。

對於每一個要克服的障礙，都離不開意志力；面對著所執行的甚至一個艱難的決定，我們所依靠的是內心的力量。事實上，意志力並非是生來就有或者不可能改變的特性，它是一種能夠培養和發展的技能。

大家知道，把水加熱到攝氏九十三度，水不會變成蒸氣，加熱到九十九度也一樣。我們必須把水加熱到足以使其沸騰的一〇〇度，它才能變成蒸氣，才能用它來發動機器，開動火車。

有很多人總不願將水煮沸，而試圖用溫水或將要沸騰的水供給火車發動，結果當然只會讓他們很失望。溫水絕不可能讓火車動起來，我們做事也一樣，沒有足夠的熱情，我們將一事無成，我們人生的火車將無法運行。

我們固然應該有堅強的意志力，但更要有這樣一種能力：讓自己的意志變得堅強的能力，如果缺乏這種能力，我們的人生將和用溫水去啟動蒸氣火車一樣，永遠原地踏步。

堅強意志力的意義遠不止於此，它還能使人產生創造的力量，而創造力也剛好是我們達成成功所必需的。

做任何事都不可缺乏意志力，任何人做任何事，要想成功就必須付出巨大的努力。

當困難來臨的時候，你是如何面對的呢？是害怕而導致驚慌失措？是猶豫不決而導致最後逃走了事？是把責任推給別人還是對自己說我一定要做，我一定能做？或者是抱著一種試試看的謹慎態度呢？

我們的意志力蘊藏著偉大的力量，在它的支援下，我們能戰勝一切的困難，它能支撐我們最終取得成功，而不論這個過程時間會有多長，我們將會付出多少。

優秀人物能控制自己的意志力，這就使他具備了改造社會的力量，這種力量能讓他實現任何期待和理想。一個具有剛鐵般堅強意志力的人，一個能用這種意志鞭策自己前進的人，沒有什麼困難能阻礙他的前進。

有這樣的一群人，他們態度堅決地執行他們的計劃，毫不拖泥帶水，不做「如果」、「或者」、「但是」、「可能」的猶豫，這群人，是未來的成功人士，他們已經能抗拒種種不適宜的引誘而不偏離航向。

凡是理想明確，並能堅定不移地執行既定方針的人，便能夠強化自身的信念和行動的力量，而這種信念和力量是成功的階梯。

我們都應該努力去爭取理想的自由，只有自由地舒展理想，才有可能取得成功。而如果不這麼做，即不把實現人生目標視為第一事業，這樣的話，不管這個人是如何的忠於職守，操盡心力，他也絕不可能取得多大的成就。

你要是不能控制和加強你的意志力，你就不會有持久的決心和行動，也就談不上創造能力了。

很多年輕人開始時也很熱心於他們的工作，但很多人往往「三分鐘熱度」之後便放棄了，於是再去嘗試別的工作。他們常懷疑自己的職位是否適合自己，他們的才能是否正在用來創造價值。而當困難來臨時，他們在灰心沮喪的同時也否定了自己的事業；當得知別人在某些領域取得成功時，懊悔自己當初為什麼不選擇那份工作。

如果一個人已習慣了在事業還沒取得成功時，便半途而廢，那麼他肯定一生都不會取得什麼樣的成就。我們從人們對於工作上的態度，完全能評估他的性格。

每次有年輕人來諮詢找我，問我他們是否有必要換份工作時，我都覺得他們很值得憐憫，因為他們的目標還沒確立，意志還很薄弱，他們的性格還不適於做一件成功的事情，否則，他們就不會這樣問我。

如果你希望自己的生命具有不同尋常的偉大意義，你一定要做高尚的事業，並且不管你遇到什麼樣的艱難險阻，都不要放棄你的初衷和理想。而要做到這些，你就必須讓自己的意志變得堅強起來。

在逆境中更要堅持

約翰經營一座農場，當他因中風而癱瘓時，親戚們確信他已經沒有希望了。但他沒有消沈悲觀下去，而是要求他的親戚們在農場中種植穀物，以此作為飼料來養豬，豬肉用來製作香腸。

幾年後，約翰的香腸就被陳列在全國各商店出售。結果，約翰和他的親戚們都成了擁有鉅額財富的富翁。

出現這樣美好結果的原因在於：約翰沒有在逆境中退卻，而是從逆境中獲得了前進的動力，學會了在逆境中堅持，他的不幸迫使他運用從來沒有真正運用過的一項資源—思想，確立明確目標，制定了計劃，並以應有的信心，實現這一計劃。

逆境，也就是不順利的環境。當然，人生在世不論做事業還是過生活，都盼望著能一帆風順，遇到一個順心無慮的環境，然而，從長遠來看，這卻是不太可能也不太現實的事。因為，事實上逆境經常像影子一樣追隨著大家，並不時頑強地顯露出來帶給人們困擾。閱古歷今，一個人一輩子總是拿著「順風旗」的事，似乎是沒有的。

人們討厭逆境，但又不時身處逆境。這雖並非值得稱羨的好事，但也絕非不可擺脫的壞事。從某種意義上說，逆境也是機遇，也是人生和事物發展過程中的必然。

比如事業，我們常說並堅信「前途是光明的，道路是曲折的」。這「曲折」已從根本上明白無誤地告訴人們，到達光明前途的道路充滿著困難、挫折和坎坷，身處逆境是經常發生的事。

我們也常說，逆境也是機遇，也就是說，逆境是磨刀石，它可以砥礪人們的品格、才氣和膽識，可以激發人們奮發向上的毅力和勇氣。有人說過：「人們最出色的工作，往往是在處於逆境的情況下才能做出來的。思想上的壓力，甚至肉體上的痛苦，都會成為精神上的興奮劑，」逆境雖非好事，但鍛鍊了人才，也蘊含著擺脫困擾而再次前進的機遇。

對一個人來說，逆境就是「清醒劑」，因為總要有些逆境的遭遇才好，否則容易陷入消沈麻木而失去了激進的銳氣。逆境也像一面鏡子，它不但映照出勇士不倦思索、大膽開拓、奮勇進取的英姿，而且也顯現出懦夫望難生畏、萎靡不振、調頭退卻的身影。

實際上，逆境並不可怕，可怕的是人們缺乏身臨逆境的思想準備。如果把順境和逆境都視為機遇，於順境不忘逆境的艱難而前進，處逆境看到順境的希望和前途而奮起，面臨花開花落而內心坦然，處變不驚，這對於個人的事業是非常有好處的。

你應該相信：目前雖然處於不幸的環境中，但是終究會有峰回路轉的一天，以此來不斷地提醒自己忍受現在的痛苦，等候時來運轉，這種對前途抱有樂觀的希望使得堅持有了價值。但是也不能擔保，哪一天會失去擁有的一切，所以，在幸福的時候也應當謹慎小心，絕不鬆懈。

身處逆境最忌諱的反應是：

第一，意志消沈，

第二，焦躁不安，

第三，驚慌失措、盲目掙扎。

若是犯了這三項大忌中的任何一項，不僅無法自逆境中脫困，往往還會墜入萬劫不復的深淵中。

你瞭解了上述的道理，就會知道凡事焦躁是沒有用的，身處逆境之中，只要能儲備精力，重新展現身手的機會一定會來臨。「所以，能夠持久才是最重要的」。只有抱持著這種信念，才會走完人生這段漫長的旅程。

塞內加有句話說：「順境的好處是人們所希望的，但逆境的好處則是令人驚嘆的。」順境並不是沒有許多恐懼和煩惱，逆境也並不是沒有許多安慰和希望。

在縫紉和刺繡中，我們常可以看到，在陰沈昏暗的底上安排一種明亮的花樣，比在鮮豔的底上安排一種陰沈幽暗的花樣更令人悅目；眼睛尚且如此，心靈更是可想而知了。

你應該把挫折只當作是使你發現你思想的特質，以及你的思想和明確目標之間的測試機會。如果這樣想，它就能調控你對逆境的反應，並能使你繼續為目標而努力。

然而，逆境並不保證你會得到完全綻放的勝利花朵，它只提供勝利的種子，你必須找出這顆種子，並以明確的日標，給它養分並栽培它；否則，它不可能開花結果。成功正冷眼旁觀那些企圖不勞而獲的人。

當你遇到挫折時，切勿浪費時間去想你受到了多少的損失，而應該看你從挫折中，可以得到多少收穫和資產。你會發現，你所得到的比你所失去的要多得多。在逆境中，你能擊敗壞習慣，以好習慣重新出發；驅除高傲自大，並以謙恭取而代之，而謙恭可使你得到更和諧的人際關係；重新檢討你在身心方面的資產和能力；接受更大挑戰的機會，增強你的意志力。

積極的心態會使你成功。當你和失敗鬥爭時，就是你最需要積極心態的時候。尤其當你處於逆境時，你必須花數倍的精力去建立和維持自己積極的心態，同時應該用你的自信心和明確目標，將積極心態轉化為具體行動。

在逆境中，我們會經常受到各種考驗與錘煉；百煉成鋼，成就我們非凡的意志品質和能力。學會在逆境中堅持吧！它會使你走出黎明前的黑暗，以無限的熱情去迎接曙光。

第二章

工作中的智慧

工作是每個人的立身之本，這裏面有很深的學問。不會工作的人，他的生活肯定是一團糟，並且與成功無緣。在這個世界上，只有少部分的人，他們有切實可行的目標，把工作當做是一種樂趣，並且能集中全力去做一件事；但大部分的人則恰恰相反，這就是百萬富翁和窮光蛋的主要區別。

選擇自己感興趣的工作

根據多年的經驗及觀察，我發現了一個很奇怪的現象：大多數的人，對於發現自己擅長於什麼，什麼是自己最感興趣的工作，是一件很困難的事，因為他們通常寧可相信別人，也不相信自己。還有很多人只會羨慕別人，或者模仿別人做的事，很少認清自己的專長，選擇自己感興趣的事情，然後全力以赴。所以，他們總是彆扭地做著自己所不擅長的事，而且也不能對自己的職業盡心盡力。這些人通常都不能夠成大事，對於他們的失敗，也只能怪他們自己。

我經常看到，有很多剛剛踏入社會工作的年輕人，整天無精打采，毫無工作與生活的樂趣，他們經常抱怨工作上的不如意和人生的不幸。為什麼他們總是會這樣的悲觀呢？最主要是因為他們正做著自己所不感興趣的事。還有一些人雖然有不錯的學識，但是因為所從事的職業與他們的才能不相配，結果久而久之，竟使原有的工作能力全都失去了。由此可見，一個不稱心的職業最容易糟蹋人的精神，使人無法發揮自己的才能。

你的職業只要與自己的志趣相投合，你就絕不會陷於失敗的境地。年輕人一旦選擇了自己真正感興趣的職業，工作起來便能精力充沛、自動自發，而且能愉快地勝任；絕對不會是無精打采、垂頭喪氣的。同時，一份合適的職業還會在各方面讓你發揮你的才能，並且使你更迅速的進步。

卡爾．斯文思的父親開了一家洗衣店，並且讓斯文思在店裏工作，希望他將來能夠繼承事業。但斯文思內心卻厭惡洗衣店的工作，總是懶懶散散、無精打采，勉強做一些父親所交代的工作，完全不關心店裏的事務。這使得他的父親非常苦惱和傷心，覺得自己生了一個不求上進的兒子，而且在員工面前深感丟臉。

有一天，斯文思告訴父親自己想到一家機械工廠工作，當一名機械工人。拋棄現有的事業不做，一切從頭開始，父親對此十分的驚訝並且橫加阻攔。但是，斯文思堅持自己的想法，穿上油膩的粗布工作服，開始了更勞累、時間更長的工作。但他不僅不覺得辛苦，反而內心覺得十分快活，邊工作還邊吹口哨，因為他選擇了自己感興趣的工作。現在他已經是這家機械工廠新的老闆了。

所以，只有那些能找到自己最擅長的職業的人，才能夠徹底掌握自己的命運。我發現那些有成就的人，幾乎都有一個共同的特徵：無論才智高低，也無論從事哪一種行業，他們必然喜愛自己所做的事，而且能在自己最擅長的事情上勤奮的工作。

米開朗基羅的作品數量龐大，氣勢雄偉，許多是表達了人體力量的激發狀態。米開朗基羅創作這些藝術品，不是因為這是他的工作，也不是因為是他想賺錢，而是因為他喜愛他的創造。

你也許沒有米開朗基羅那樣的動力，但是如果你不喜歡、不期望創造出有長遠價值的事物，那你就永遠創造不出來。此道理對個人如此，對事業也是如此。

著名數學家、物理學家帕斯卡的父親要他去當語言學教師，但是在數學方面要求發展的招喚，卻壓抑了其他任何職業的聲音，這種聲音一直在他的頭腦裏縈繞著，直到他把語言丟到一邊，轉向歐幾里得為止。

特納的家人本來希望他在少女髮屋當一名美髮師，但是，特納卻成為了一名最偉大的現代派風景畫大師。

一旦你決定要從事某種職業時，就要立即打起精神，並且不斷地勉勵自己、訓練自己、控制自己，在你的工作中自動自發。只要有堅定的意志、永不回頭的決心，不斷地向前邁進，做任何事情都會有成功的希望。

有一句話講得非常有道理—不值得做的事，就不值得做好。不錯，也許每個人都會對這條定律表示贊同，它解釋了為什麼我們會時常感到缺乏興趣和動力。然而，問題並不到此為止。如果我們永遠做不好任何事，不管理由是否充分(這些工作都是「不值得」的)，結局一定會很慘。

況且，把一生都浪費在「不值得做的事」上，本身就是一件最不值得做的事。所以，你的選擇應該是：找到值得做的事，並且努力把它做好！

希望所有人要警惕有這種想法：「你永遠不可能有盡善盡美的才華」。要知道，上帝會憎惡那些半途而廢的人，並且會耿耿於懷。因此，不完善的才華永遠難以得到上帝的幫助，相對也就很難獲得最後的成功。

最後，請記住：寧可做鞋匠中的拿破崙，寧可做清潔工中的亞歷山大，也不要做根本不懂法律的平庸律師。

在工作中體會成就感

從前有個藥店的老闆，尋找了許多年，一直想找一個能做一番大事業的機會。每天早晨一起來，他希望自己今天就能夠遇到一個很好的機會。然而，好長的時間過去了，機會並沒有出現。他內心鬱悶極了，經常跑到公園裏去散心，任憑他的藥店獨自在風雨中飄搖。

在現實生活中，我們之間的大多數人，都不免多少有點像這個店老闆。我們看見別人的成功便會在無形之中生起了嫉妒之火，並且常常還會妄自菲薄，總以為別人的工作才是最好的，而自己總是看不到任何希望。我們總是把別人的成功歸於運氣好，於是，我們也夢想著好運能早一天降臨到自己的身上。

後來，這個藥店的老闆戰勝了自己這種消極的態度。有一天，他在內心這樣問自己：「我為什麼一定要把自己的希望、自己的奮鬥目標，寄託在那些自己一無所知的行業上呢？為什麼不能在自己已經熟悉的醫藥行業裏做出一番大事業來呢？」

於是，他下定決心擺脫自己以前的那種怨天尤人的心態，從自己的藥店做起。他把自己的事業當做一種極為有趣的遊戲，以此來促進生意的發展。他讓自己用那種發自內心的熱情告訴別人，他對藥店這一行業有多麼大的興趣，他是如何儘量提高服務品質使顧客滿意的。

比如說：如果附近的顧客打電話來要買東西，他就會一面接聽電話，一面舉手向店裏的伙計示意，並大聲地回答說：「好的，希爾夫人，兩條藥皂、一瓶五十公克的樟腦油。還有需要別的嗎？希爾夫人，今天天氣真好，不是嗎？還有……」他儘量想些別的話題，以便能和她繼續談下去。

在他和希爾夫人通電話的同時，他指揮著伙計們，讓他們把顧客所需要的東西以最快的速度找出來。而這時負責送貨的人，臉上帶著笑容，正忙著準備送貨。在希爾夫人說完她所要的東西之後不到幾分鐘，送貨的人已經帶著她所需要的東西上路了。而他則仍舊和希爾夫人在電話中閒談著，直到等她說：「啊！先生，請先等一等，我家的門鈴響了。」

於是他笑了笑，手裏仍拿著電話筒。不一會兒，她在電話中說：「喂，先生，剛才是你們的店員將我所要的東西送來了！我真不知道你怎麼能夠這麼快，實在是太不可思議了。我打電話給你還不到十分鐘呢！我今天晚上一定要把這件事告訴希爾先生。」

因為他那裡有著優質的服務，過了不久時間，幾條街以外的居民，也都捨近求遠地跑到了他的店裏來買東西了。以至於後來城裏有好多別家的藥店老闆都跑到他這裡來取經。

別人不明白，為什麼只有他的生意會做得這麼好。他笑著解釋說：「只要抱持著無比的熱情去對待每一個人，你就會打從心底喜歡其他人，因此在工作中體會到成就感，並且發現其中的樂趣。

如果能夠全身心地投入到工作中，那麼工作中的一切困難，以及工作發展的所有問題，你都會很容易地找到改善的方法，這種習慣會讓你的工作變得更有成就，也更有意義。」

帶著積極的心態工作

根據某機構研究表明，一個人對工作所持的態度，和他的性情、才智有著密切的關係。工作是人生的部分表現，職業則是他志向的表示，理想的體現。所以，瞭解一個人的工作，從某種程度上就能瞭解這個人。

自尊、自信是成就事業的必備條件，那些在工作上不肯盡心盡力而只求敷衍卸責的人，是無法具備這種自尊、自信的心態的。如果一個人輕視自己的工作，那麼他也絕不會尊敬自己。當今社會，許多人不尊重自己的工作，不將工作看成創造事業的基本要素和發展人格的工具，而視為衣食住行的供給者。一些人甚至將工作當成一種無可避免的苦役，而不將其當作一所鍛鍊自己能力和培養品格的大學。這是多麼錯誤的觀念啊！

一個人工作時所具有的精神，不僅會影響工作效率和質量，而且對其品格的形成也有很大的影響。有一句話是這麼說的：「檢驗人的品格有一種標準，那就是工作時是否能全神貫注，進入一種忘我的工作狀態。」

無論你的工作地位如何的平凡，如果你能像那些偉大的藝術家投入其作品一樣投入在你的工作，所有的疲勞和懈怠都會消失殆盡，飽滿的熱情可以為最普通的工作賦予偉大的意義。

亨利．福瑞大學畢業後，進入一家印刷公司從事銷售工作，這與他最初的理想相距甚遠。但是，他知道自己所要追求的目標，同時也瞭解自己的現實處境，於是，他熱情高漲全心全意的投入到新的工作中去。他將年輕人特有的熱情和活力帶到了公司，傳遞給客戶，每一個和他接觸的人都能感受到他的魅力。

儘管亨利工作才一年的時間，但是他的主動和熱情已經成為公司不可或缺的一部分。他被破格提升為銷售部的主任，取得了人生階段性的成功。

大多數的人並不像亨利．福瑞，他們總是以一種消極和被動的心態來對待工作，上班工作時懶懶散散，下班回家也無所事事。他們不是沒有自己想要的追求，而是一遭遇到困境就半途而廢，因為，他們缺乏一種精神支柱。

一個人的終身職業，是他親手製成的雕像，是美麗還是醜惡，可愛還是可惜，都是由他自己決定的。你的一舉一動，無論是寫一封信，出售一件貨物，還是一次的談話，都在敘說雕像的美醜。

如果一個人能對「工作能免除人生辛勞」有所領悟的話，那麼他也就掌握了達到成功的原理。倘若能處處以主動、熱情的態度來從事本職工作，那麼即使是最平庸的職業，也能增加其榮譽和財富。

每天早上醒來時，你想到的第一個念頭是什麼？你想到的是：「早上好，上帝！」，還是：「我的上帝，又是早上了！」不同的想法可以看出，你究竟是積極樂觀的人還是消極悲觀的人。當你看到半杯水時，你想到：「這杯子裝滿了一半」還是：「這杯子有一半是空的」？你的回答，反映出你是如何看待身邊世界的。

積極的心態是一塊強而有力的磁石，如同花朵吸引蜜蜂一樣，將他人吸引到自己的身邊。如果你面對世界展現出陽光般的心態，你的朋友和同事就會自然而然地聚集在你的周圍。你的熱情會感染他們，影響他們，也為自己提供了一個更好的發展機會。同樣，你對自己的工作抱以積極的態度，那麼，你就一定會從中獲益。

選定一個目標不放鬆

無志者常立志，有志者立常志。我們在工作和生活中，必須立下志願，才會有奮鬥的目標。否則渾渾噩噩地過日子，那豈不是虛度光陰嗎？立志不但使工作和生活變得有意義，同時也提高了生命的價值。相反的，一個人不知道自己一生中將做些什麼事，不但不能體會人生的快樂，也會失去生存的意義。

蕭伯納說：「人生真正的快樂，在於你自認有一個偉大的生活目標。」

著名的心理學家馬斯洛把人類的需求區分為五個層次，依次為：生理的需求（饑餓、性慾等基本需求）、安全的需求（免於恐懼、工作保障等）、社會的需求

（親情、愛情、友情）、自尊的需求（受他人的認可與尊敬）、自我實現的需求（立功、立德、立言）。

如果把這五項需求與「為何而工作」相互對照的話，「為生活而工作者」滿足了生理與安全的需求；「為工作而工作者」滿足了社會與自尊的需求；「為理想而工作者」滿足了自我實現的需求。

巴黎艾菲爾鐵塔當年在打地基之時，有一位報社的記者去訪問打地基的工人，想知道他們對此項工作的看法。

第一名工人說：「當一天和尚敲一天鐘，做一天算一天啦！我每天下班後，希望有一杯酒喝喝，就心滿意足了。」這名工人神態懶散，對興建鐵塔似乎沒什麼興趣，是個典型的「為生活而工作者」。

記者走了幾步，碰到另一名忙碌的工人，也問他相同的問題。

工人擦擦汗回答說：「我一家五口就靠這份收入，所以我必須努力地工作，以養家餬口。而且，我知道勤奮工作必能獲得主管的賞識，希望不久之後就能升職加薪。」這是個「為工作而工作者」。

記者走到另一邊，遇見一名若有所思的工人，又問他同樣的問題。

工人昂首回答說：「我正在興建一座世界最高的大鐵塔，這項工程完工之後，全世界的人都將慕名來參觀。能夠參予這一項偉大的工程，我覺得很榮幸，而且我的家人也以我為榮。」這是「為理想而工作」的典範。

三個領相同薪水、做相同工作的人，對「工作」的看法差異如此之大，其原因就在人生觀迥異罷了。

那麼，請問你是「為生活而工作」、「為工作而工作」，還是「為理想而工作」的人呢？

另外一則故事為：

有一名工頭叫工人拿著一支圓鍬，挖了一個深洞後，工頭要工人爬出來，到別處再去挖另一個洞。當工人挖到某一深度後，工頭進洞檢視一番，不滿意地搖搖頭，要工人再到他處去挖一個洞。

如此，周而復始，挖到第五個洞時，工人忍不住了，他生氣地丟下圓鍬說：「挖！挖！挖！到底在挖什麼呀！我不幹了。」

工頭訝異地說：「你急什麼呢！我一直在找水管的破裂處啊！」

工人的臉色緩和下來說：「原來如此，你為何不早說呢！」他拿起圓鍬，繼續地工作。

對啊！工頭為何不在一開始，就把挖洞的目的告訴工人呢？做任何事，首要之事就是—目標要明確。

一個人若想走上成功之路，首先必須先確立目標，這是我們每個人都應該明白的道理。

目標一經確立之後，就要心無旁騖，集中全部的精力，勇往直前。

有一位父親帶著三個孩子，到沙漠上去獵殺駱駝。他們到達了目的地。

父親問老大：「你看到了什麼呢？」老大回答：「我看到了獵槍、駱駝，以及一望無際的沙漠。」父親搖頭說：「不對。」

父親以相同的問題問老二。老二回答：「我看到了爸爸、大哥、弟弟、獵槍、駱駝，還有一望無際的沙漠。」父親又搖頭說：「不對。」

父親又以相同的問題問老三。老三回答：「我只看到駱駝。」父親高興的點頭說：「答對了！」

這個故事告訴我們，目標確立之後，就必須要心無旁騖，集中全部的精力注視著目標，並朝目標勇往前進，這是邁向成功的第一步。

「再冷的石頭，坐上三年也會焐暖。」這兩句話主要在勉勵我們，至少要三年選定一個目標不放，全力以赴，才會有成。

雖然有許多的年輕人，胸懷大志，自信滿滿，也非常的勤奮努力，但是稍遇挫折就放棄了，這是十分可惜的。

愛迪生說過，所有的失敗，有七五％只要繼續努力下去，都是可以成功的。所以，不論是就業或者創業，在選定一個目標之後，萬萬不可操之過急，必須越挫越勇，咬住不放，最後一定會成功的。人生就像爬階梯一樣，必須一步一階，絲毫取巧不得；只要一步一階，終必抵達山頂。

集中全部精力去做一件事

許多成功的經驗告訴我們這樣的法則：明智的人最懂得把全部的精力集中在一件事情上，唯有如此方能挖出井水來；明智的人也善於依靠不屈不撓的意志、百折不撓的決心，以及持之以恆的耐力，努力在各種的生存競爭中去獲得勝利。

在這個世界上，很多人每天都在做與他們興趣不合的工作，他們往往自嘆命運的不濟，希望機會來了，再去做稱心如意的工作。實際上光陰似箭，時間過去就不會再重來，如果不馬上回頭，今天得過且過，明天又再等一會兒，當所有最寶貴的青春歲月都糊里糊塗浪費掉之後，再想重新學習一些新的技能時，往往為時已晚。這種一再拖延、得過且過的惰性，其實與慢性自殺無異。年輕人通常不太去留意促成事業獲得成功的因素，他們常常把工作和事業看得過分簡單，不肯集中自己全部的心思去做。他們不知道，在一項事業上的經驗好比是一個雪球，隨著人生軌跡的推移，這個雪球永遠是越滾越大的。所以，任何人都應該把全部精力集中在某一項事業上，在這一方面隨時隨地在作努力。這樣，你在上面所花費的精神越大，獲得經驗也就越多，做起事來也就越順手、越容易。

每個人都必須懂得時間的寶貴，「光陰一去不復返」。當你踏入社會開始工作的時候，一定是渾身充滿著幹勁的。你應該把這些幹勁全部用在事業上，無論你做什麼職業，你都要努力工作、刻苦經營。如果能一直堅持這樣做，那麼有一天當你發現這種習慣所為你帶來的豐碩成果時，你一定會感到驚訝。

歌德這樣說：「你最適合站在何處，你就應該站在那裡。」這句話可以作為對那些三心二意者的最好忠告。

無論是誰，如果不趁年輕氣盛的黃金時代，去養成自己善於集中精力的好性格，那麼他以後一定不會有什麼大的成就。世界上最大的浪費，就是把一個人寶貴的精力無謂地分散到許多不同的事情上。一個人的時間有限、能力有限、資源有限，想要樣樣都精、處處都通，是絕不可能辦得到的，如果你想在任何一件事情做出什麼樣的成就，就一定要牢記這條法則。

對大部分的人來說，如果一進入社會就善於利用自己的精力，不讓它消耗在一些毫無意義的事情上，那麼就有成功的希望。但是，很多人卻偏偏喜歡東學一點、西學一下，儘管忙碌了一生卻往往沒有什麼專長，結果，到頭來什麼事情也沒做成。

在這方面，螞蟻可以做為我們很好的思考。牠們圍著一大片食物，齊心協力地推著、拖著它前進，一路上不知道要遇到多少困難，要翻多少跟斗，千辛萬苦才把食物弄到家門口。螞蟻給我們最好的啟示是：只要不斷努力、持之以恆，就必定能得到好的結果。

那些擁有經驗的園丁們，往往習慣把樹木上許多能開花結果的樹枝剪去，一般人往往覺得很可惜。但是，園丁們知道，為了使樹木能更快地茁壯成長，為了讓以後的果實結得更飽滿，就必須要忍痛將這些旁枝剪去。否則，若要保留這些旁枝，那麼將來的總收成肯定要減少許多。

而有經驗的花匠，也習慣把許多快要綻放的花蕾剪去。這是為什麼呢？這些花蕾不是同樣可以開出美麗的花朵嗎？花匠們知道，剪去其中的大部分花蕾後，可以使所有的養分都集中在其餘的少數花蕾上。等到這些少數花蕾綻放時，一定可以成為那種罕見、珍貴、碩大無比的奇葩。

做工作就像培植花木一樣，青年男女們與其把所有的精力消耗在許多毫無意義的事情上，還不如選定一項適合自己的事業，集中所有精力，埋頭苦幹，全力以赴，最後肯定可以取得傑出的成績。

如果你想在工作中成為一個眾人欽羨的領袖，成為一個才識過人、無人可及的人物，就一定要排除大腦中許多雜亂無緒的念頭。如果你想在重要的事情上取得偉大的成就，那麼就必須把所有微不足道的、平凡無奇的、毫無把握的願望完全「剪去」。在一件重要的事情面前，即便是那些已有眉目的事情，也必須忍痛剪掉。

無數的失敗者之所以沒有成功，主要不是因為他們才華不夠，而是因為他們無法集中精力、不能全力以赴的做適當的工作，他們讓自己的大好精力東浪費一點、西消耗一些，而他們自己也從未覺悟到這一問題上，如果把心中的那些雜念一一剪掉，使生命力中的所有養分都集中到一個目標，那麼他們將來一定會驚訝——自己的事業竟然能夠結出那麼美麗豐碩的果實！

擁有一種專門的技能要比有十種心思來得有價值，有專門技能的人隨時隨地都在這方面下苦功求進步，時時刻刻都在設法彌補自己的缺陷和弱點，總是想到要把事情做得盡善盡美。而有十種心思的人就不一樣了，他可能會忙不過來，要顧及這一點又要顧及那一個，由於精力和心思的分散，事情只能做到「尚可」為止，結果當然是一事無成。

現代社會的競爭日趨激烈，所以，我們必須專心一致，對自己的工作全力以赴，這樣才能做到得心應手，並且有出色的成績。

每天多做一點點

你聽說過「多一盎司定律」嗎？所謂的「多一盎司定律」，就是每天多做一點點。在這裡，我把它詳細地介紹給大家。

著名投資專家約翰．坦普爾頓透過大量的觀察研究，得出了一條很重要的定律：「多一盎司定律」。他指出，中等成就的人與突出成就的人所做的工作量並沒有很大的差別，他們所做出的努力差別也很小，如果一定要量化，那麼可能只是「一盎司」的區別。

約翰・坦普爾頓首先把這一定律運用於他在耶魯的經歷。坦普爾頓決心使自己的作業不是九五％而是九九％的正確。結果呢？他在大學三年級就進入了美國大學生聯誼會，並被選為耶魯分會的主席，並得到了羅茲獎學金。

在商業領域，坦普爾頓把多一盎司定律進一步引申。他逐漸認識到只多那麼一點兒努力就會得到更好的結果。那些更加努力的人，那些在工作上投入了十七盎司而不是十六盎司的人，得到的成績遠大於這一盎司應得的成績。

「多一盎司定律」可以運用在所有的領域。實際上，它是使你走向成功的普遍規律。例如，把它運用到高中足球隊，你就會發現，那些多做了一點努力，多練習了一點的小伙子成了球星，他們在贏得比賽中起到了關鍵性的作用。他們得到了球迷的支持和教練的青睞。而所有這些只是因為他們比隊友多做了那麼一點。

在商業界，在藝術界，在體育界，在所有的領域那些最知名的、最出類拔萃的人與其他人的區別在哪裡呢？

答案就是多努力、多勤奮那麼一點兒。「多加一盎司」——誰能使自己多加一盎司，誰就能得到千百倍的回報。

你雖沒有義務做自己職責範圍以外的事，但是你可以選擇自願去做，來驅策自己快速的前進。率先主動是一種極珍貴、備受看重的素養，它能使人變得更加敏捷，更加積極。無論你是管理者還是一般的職員，「每天多做一點」的工作態度能使你從競爭中脫穎而出。你的老闆、委託人和顧客會關注你、信賴你，因此給你更多的機會。每天多做一點工作也許會佔用你的時間，但是，你的行為會使你贏得良好的聲譽，並增加他人對你的需要。

有很多的理由可以解釋，你為什麼應該養成「每天多做一點」的好習慣—儘管事實上很少有人這樣做。其中兩個原因是最主要的：

第一，在建立了「每天多做一點」的好習慣之後，與四周那些尚未養成這種習慣的人相比，你已經具備了優勢。這種習慣使你無論從事什麼行業，都會有更多的人指名道姓地要求你提供服務。

第二，如果你希望將自己的手臂鍛鍊得更強壯，唯一的途徑就是利用它來做最艱苦的工作。相反，如果長期不使用你的手臂，讓它養尊處優，其結果就是使它變得更虛弱甚至萎縮。

身處困境而奮鬥是能夠產生巨大的力量，這是人生永恆不變的法則。如果你能比份內的工作多做一點，那麼，不僅能彰顯自己勤奮的美德，而且能發展一種超凡的技巧與能力，使自己具有更強大的生存力量，從而擺脫困境。

社會在發展，公司在成長，個人的職責範圍也隨之擴大。不要總是以：「這不是我份內的工作」為由來逃避責任。當額外的工作分配到你的手頭上時，不妨視之為一種機遇。

提前上班，別以為沒有人會注意到，老闆可是睜大眼睛在瞧著呢。如果能提早一點到公司，就說明你十分重視這份工作，每天提前一點到達，可以對一天的工作提早做個規劃，當別人還在考慮當天該做些什麼時，你已經走在別人前面了！

在工作中，有很多時候需要我們「多加一盎司」。多加一盎司，工作就可能不太一樣了。盡職盡責完成自己工作的人，最多只能算是稱職的員工；如果在自己的工作中再「多加一盎司」，你就可能成為優秀的員工。

「多加一盎司」在所有的工作中都會產生好的效果。如果你多加一盎司，你的士氣就會高漲，而你與同伴的合作就會取得非凡的成績。要取得突出的成就，你必須比那些取得中等成就的人多努力一點，學會再加一盎司。

「多加一盎司」其實並不難，我們已經付出了九九％的努力，已經完成了絕大部分的工作，再多增加「一盎司」又有什麼困難呢？但是，我們往往缺少的卻是「多一盎司」所需要的那一點點責任、一點點決心、一點點敬業的態度和自動自發的精神。

「多加一盎司」其實是一個簡單的事情。在工作中，有很多事情都是我們需要增加的那「一盎司」，大到對工作、公司的態度，小到你正在完成的工作，甚至是接聽一個電話、整理一份報表，只要能「多加一盎司」，把它們做得更完美，你將會有數倍於一盎司的回報。

多一盎司的結果會使你最大限度地發揮你的天賦，獲得成功的秘密在於不遺餘力的加上那一盎司。

珍惜和合理利用時間

關於時間的功利價值，最直截了當的話就是本傑明．佛蘭克林說的：「時間就是金錢。」

有的人很會利用時間，而有的人則忙得一團糟。但是每個人每天都有二十四個小時，這有什麼分別呢？分別之處在於時間的單位價值。因此提高時間的價值就是提高單位時間的價值，這有兩種辦法，一是在單位時間內做更多的事情；二是在單位時間內做更重要的事情。

第一種辦法是在單位時間內做更多的事情，這就要求我們做每一件事情都要馬上行動，杜絕拖延；要求我們今日事，今日畢；要求我們培養快速的節奏感，更要求我們控制完成一件事情的時間。

就今日事，今日畢，我採用的措施是本傑明．佛蘭克林的工作卡片。在張這工作卡片上，第一欄是制定一天所需要完成的事情，第二欄是一天實際完成的事情。兩欄相比較，我們就可以發現自己在什麼事情上面浪費了時間，以此來加強自己的時間觀念。

要控制完成一件事情的時間，這就要求我們預告限定完成一件事情的時間，在工作卡片上寫下你所要做的每一件事情所需的時間，這樣可以加強你工作的節奏感。再來，你可以要求自己一次就把事情做好，不要留下其他殘餘的東西。更不要使工作留下缺陷，等待下次再抽出時間來解決。你只有把第一件事情百分之百地做好，你才能夠給第二件事情百分之百的時間。

第二種辦法，在單位時間內做更重要的事情。這就需要你分清事情的輕重緩急。首要的問題是，你要決定做什麼事情是重要的，什麼是不重要的。

重要的事情往往都與工作的目標或者公司的目標有關，也可以是與個人的目標相關。凡是有利於工作價值的增長，有利於工作目標的實現，有利於人生幸福的事情都可以認為是重要的事情。

透過這兩個辦法，我相信你已經能夠安排自己事情的行程了。不要說，你忙得沒有時間，而要關注你忙的是什麼事、忙得有沒有效率。

我們大多數人都有經驗，往往影響時間效率的並不是那些難度大的事情或者重要的事情，而往往是一些繁瑣的小事，諸如尋找文件等。據統計，一般公司職員每天要花二至三個小時尋找亂堆亂放的文件。每年因東西擺放不整潔和無條理，將浪費近二〇％的時間。因此在工作場合保持整潔和有條理，這是提高個人價值和工作效率的重要措施。

一個人的能力和價值的大小，取決於他是如何使用時間的。因此，我提醒大家在工作卡片上寫明：我的時間價值每天是多少多少元，每個小時是多少多少元，每分鐘是多少多少元。以此來提醒自己要最有效率地做最重要的事情。

關於工作以外的時間，我們也應合理地利用起來。

對於一般的上班職員來說，每天都要浪費一定的時間在搭車上，這是不可避免的事情，但是珍妮卻不這樣認為。珍妮是一家外貿公司的一般職員，每天到公司上班都要花半個小時的時間在搭車上，而這段時間裏卻無事可做。其實這樣是在浪費時間，一天半個小時，十天就是五個小時。珍妮決定改變這種情況，每天一上車，珍妮就拿出法語辭典，在這短短的半個小時內記一些單字和句子，從不間斷。

四年之後，珍妮已經可以順利地進行法文閱讀了。真令人驚訝，就在公車之上，她掌握了一門外語能力。

時間的安排果然重要，珍妮就是對時間進行了巧妙的安排，所以在其他人認為沒用的時間裏學習了外語。所有的成功人士都是安排時間的高手，成功與失敗的界限就在於如何分配時間。百萬富翁和窮光蛋至少有一樣是完全相同的，他們一天都是二十四小時，都是一千四百四十分鐘。因此，如果你想在事業上獲得成功，那麼必須學會安排好自己的時間，使時間得到最有效的利用。

學會管理你的上司

要想在工作中表現出色，還要學會管理你的上司。

有的人也許覺得不應該在這裡用「管理」一詞，但若是換做一個角度來看，假設把與你有關的所有的人、財、物都看做是你的「資源」，而且你管理自己資源的能力與水平關係到你事業的成功與否，這其中你的上司也正是資源的一種，這時，「管理」就適用了。

取得上司的信任是管理好上司的基本要求。有個朋友曾對我說，他那遠在英國的上司要求他每週寫一份報告，彙報自己每天的工作，如去拜訪了哪些客戶、代理商，業務進度和成績如何，其實這表示上司並不信任他。

但這不能夠怪上司，而應該怪他自己，我想這位朋友應該是自己與上司間的交流出了問題。

對自己不瞭解的人，誰都很難百分之百地信任。無論是你對同事還是你的上司對你都一樣，充分地交流是讓上司瞭解你的最好辦法。

也許有人認為，只要把成績做出來，上司就一定會信任自己的，對此我並不贊同，不同的上司關心的問題以及問題的方向可能會不一樣，所以下屬在努力讓上司瞭解你的同時，也要努力的去瞭解你的上司。

上、下級之間的交流絕不是單方面的，不要總對上司唯命是從，搞好關係也並不是拍馬屁、一味地奉承。在適當的時候，應該提出自己的建議，有反對意見時不妨提出來。有時候，討論不同意見是為了更好地瞭解對方。

搞好上、下級關係，要學會知道哪些事情要報告，哪些事情不用報告；哪些事情要由自己去做決定，哪些事情自己不能決定，要掌握好一個「度」。不要凡事都報告，也不是一切重要事情都得報告。負責任的上司會對你每一次的報告都重視，而你的每一次報告都有可能帶來一大堆問題。因此，向上司彙報要有所選擇。

你也要用自己的想法去影響你的上司，使他理解並支持你的管理意識及方式，使你的建議得到上司的充分注意。

你覺得對的以及一切能為你的工作帶來效果的想法，都應該透過合適的方式讓你的上司知道。當然，所有這些想法可能最後都會變成上司的決定，並多數以他的名義發出，但這並沒有什麼不好的，因為你的目的已經達到了。

而且，你一定不要到處張揚說這本來是你的想法，更不能有滿肚子的怨言。可能由於你的好主意讓你的上司升職了，這對你來說是非常好的消息。你一定要一如既往地支持你的上司，因為如果他不把位置空出來，你又如何能提升上去呢？

當與上司產生矛盾之後，你一定要想方設法的去消除。若是誤會就要儘快解釋清楚；若是分歧，就應該儘量地達成一致。如果一味與上司對著幹，最終吃虧的通常是你自己。

一定要記住你的上司是你的一種資源，而且，你的上司能夠支配公司內外的資源都要比你多。通常，你的上司在處理公司內外事務上的經驗也要比你豐富得多，就算你的上司十分的無能，至少他的職位與地位都比你高，這就是一種很好的資源。

建立良好的人際關係

在我們的工作環境裏，建立良好的人際關係，得到大家的尊重，無疑是對自己的生存和發展有著極大的幫助，而且有一個愉快的工作環境，可以使我們忘記工作的單調和疲倦，也使我們對生活能有一個美好的心態。遺憾的是，我們常常聽到不少人對怎樣處理好工作中的人際關係感到棘手，抱怨甚多。

其實，只要我們為人正直，用心並努力做個受人喜愛的同事並不是很難的事。

一、為新同事提供善意的幫助

新到的同事對手頭上的工作還不熟悉，當然很想得到大家的指點，但是心有怯意，往往不好意思向人請教，這時，我們最好能主動去關心並且幫助他們，在他們最需要得到幫助之時，伸出援助之手，往往會讓他們銘記在心，而且深深地感激你，並且會在今後的工作中更主動地配合和協助你。切不可自以為是，把新同事不放在眼裏，在工作中不尊重他們的意見，甚至叱責，這些態度都會傷害到對方，因此使對方對你產生厭惡感。

二、樂於從老同事那裡吸取經驗

那些比你先來的同事，相對來說會比你累積了更多的經驗，有機會時我們不妨聆聽他們的見解，從他們的成敗與得失中尋找可以借鑒的地方，這樣不僅可以幫助我們自己少走寃枉路，更能讓他們感覺到我們對他們的尊重。尤其是那些資歷比你深，但其他方面比你弱的一些同事，會有更多的感動，而那些能力比你強的同事，則會認為你肯於進取，便會樂於關照並提攜你。我們也常常會看到這樣的例子，有些人能力強，可是在公司裏，自視甚高，不買那些老同事的帳，弄得老同事很反感，而這些老同事畢竟根基深厚，公司方面都會考慮到他們的意見，結果關鍵時候反而你會因此受挫，這應引起我們認真的重視。

三、如果你有意見最好直接向老闆陳述

在工作過程中，因為每個人考慮問題的角度和處理的方式難免有些差異，對於老闆所做出的一些決定有看法，在心裏有意見，甚至變為滿腔的牢騷。在這些情況下，切不可到處宣洩。

如果你經常這樣，那麼你就算是再努力的工作，而且做出了不錯的成績，也是很難得到老闆的賞識。

況且，你完全暴露了自己的弱點，很容易被那些居心不良的人所利用。這些因素都會對你的發展產生極為不利的影響。所以最好的方法就是在恰當的時候直接去找老闆溝通，向其表示你自己的意見，當然最好要根據老闆的性格和脾氣用

其能接受的語言表達，這樣效果會更好些。作為老闆，他感受到你的尊重和認真，對你也會有多一些的信任，這比你到處發牢騷，強上幾百倍。

四、不要計較眼前的利益

有一些人與同事的關係不好，是因為過於計較自己的利益，老是爭求種種的「好處」，時間久了難免引起同事們的反感，無法得到大家的尊重，而且他們總在有意或無意之中傷害了同事，最後使自己變得孤立。

事實上，這些未必能帶給你多少的好處，反而弄得自己身心疲憊，並失去了良好的人際關係，可謂是得不償失。如果對那些細小的，不太影響自己前程的好處，多一些謙讓，比如公司裏分東西不夠時少分些，一些榮譽稱號多讓給即將退休的老同事等等，再比如與其他人共同分享一筆獎金或是一項殊榮等等，這種豁達的處世態度無疑會贏得人們的好感，也會增添你的人格魅力，更會帶來更多的「回報」。

五、多關心異性同事

人們對任何形式上的性騷擾都普遍感到反感，但是如果能利用自己性別上的優勢去幫助異性同事，則會得到他們的好感。不能否認，兩性各有各的長處，比如男性較有主意，更能承受艱苦勞累的工作，也能更理性地分析並解決問題等等；而女性呢，則顯得比較有耐心，做事細心有條理，善於安慰人等等。儘管只是同事，但每個人也渴望得到同事間的關心和理解，若能善於發揮自己的長處，對異性同事多些關心和幫助，如男性多為女同事分擔一些她們覺得較為吃力的差事，女性多做些需要細心的工作，這些對我們來說並不難，效果卻很好，對方對你所給予的關心與支持會很感激，將你視為可以信賴的好同事。

六、要有樂觀精神和幽默感

如果我們從事的是單調乏味或是較為艱苦的工作，千萬不要讓自己變得灰心喪氣，更不可與其他同事在一起怨聲嘆氣，而要保持樂觀的心境，讓自己變得幽默起來。一個有幽默感的人，即便是遇到困難，他也會很從容、自信，從而鼓舞其他人。如果是在條件好的公司裏，那更應該如此。因為樂觀和幽默可以消除彼此之間的敵意，更能營造一種親近的人際氛圍，並且有助於你自己和他人變得輕鬆，消除了工作中的勞累，那麼，在大家的眼裏，你的形象就會變得可愛，容易讓人親近。當然，我們要注意把握分寸，分清場合，否則會使人感到厭煩。

只要你以真誠的態度去努力實踐，同時在工作中保持做人的正義感，那麼做個讓人喜歡的好同事，得到一個好人緣並不難，工作便也成了一件讓人快樂的事了。

善於管理自己的情緒

大多數人都有過受累於情緒的經歷，似乎煩惱、壓抑、失落甚至痛苦總是接二連三地襲來，於是頻頻抱怨生活環境對自己的不公平，期盼某一天歡樂從此降臨。其實喜、怒、哀、樂是人之常情，想讓自己生活中不出現一點煩心之事幾乎是不可能的，關鍵是如何有效地調整、控制自己的情緒，做生活中情緒的主人。

許多人都懂得要做情緒的主人這個道理，但遇到具體問題時，通常總是知難而退：「控制情緒實在是太難了」，言下之意就是：「我是無法控制情緒的。」別小看這些自我否定的話，這是一種嚴重的不良暗示，它真的可以毀滅你的意志，喪失戰勝自我的決心。還有的人習慣於抱怨生活，「沒有人比我更倒楣了，生活環境對我太不公平。」抱怨聲中他得到了片刻的安慰和解脫：「這個問題怪環境而不怪我。」結果卻因小失大，讓自己無形中忽略了主宰生活環境的職責。所以要改變一下對身處逆境的態度，用開放性的語氣對自己堅定地說：「我一定能走出情緒的低潮，現在就讓我來試一試！」這樣你的自主性就會被啟動，沿著它走下去就是一番嶄新的天地，你將成為自己情緒的主人。

在眾多的不良情緒中，煩惱是最令我們傷神的。

煩惱讓世界上無數的人，無法擺脫心靈承受的巨大壓力，致使很多人整天沈溺於煙酒，甚至無端了結此生。煩惱給個人和社會帶來的損失是再聰明的人也無法計量的，煩惱使很多天才無法擺脫平庸，煩惱帶給人們的莫過於失敗、傷心和絕望。

一個無法擺脫煩惱的人，便無法擁有大量的精力，其才能也便無法展現，從此便只有碌碌無為了。

煩惱只會給人帶來壞處，它無法改變你的境況，而帶給你的只是讓你健康受損、精力耗盡、效率降低。一個愛佔便宜的職員，不會因此累積多少財富，而是會變得憂鬱、擔心，因此承受巨大壓力。所以，他變得煩惱，於是他再也沒有精神與體力，一切都將遭到了損壞。

煩惱嚴重影響一個人的工作品質。一個人無法在思想散亂之時，工作能表現出色，紊亂的思想，使他無法清楚思考、合理規劃，煩惱像毒汁一般侵蝕腦細胞，使注意力無法集中。

整天的煩惱使人的生命消耗加快。有的人未老先衰，這並非由於他們做的工作太苦或生活太坎坷，而是由於平日的憤怒，使他們的家庭不和諧、不幸福，也讓他們自己提早衰弱。

煩惱不僅使人面容憔悴，心靈也會提早變得衰老。有人把煩惱比作一把鑿子，使人的面孔佈滿皺紋。一個煩惱的人在數星期之後容貌會產生變化，連他自己也難以相信。很多婦女用按摩、電療、運動等方法來消除臉上的皺紋，但她們應該知道，不讓自己煩惱才可以使人變得年輕，而更加可笑的是，她們居然為此而不斷煩惱著。

保持愉悅的心情是驅除煩惱最好的方法，千萬別為了生活或工作中的不幸讓你變得更不幸。一旦察覺到你有恐懼、憂慮的思想，你就應該立即使自己變得勇敢、自信，這樣煩惱的心情便無法產生。

尋醫求藥是治不了煩惱之病的，而只能靠你自己，靠你的思想。煩腦時，用希望來取代失望，用勇敢取代沮喪，用樂觀替代悲觀，用寧靜取代浮躁，用愉快取代煩悶，這樣，煩惱便無法造訪你的心靈。能主宰自己性情、管理自己心靈的人，才是一個有所為的人。一個善於管理自己情緒的人，能像化學家中和酸鹼一樣將憂慮和煩惱排除，是一個富有化學性心靈的人。

一個懂得化學的人知道酸鹼如何中和，知道錯溶只會使藥性加劇，以及與其他化合物溶解後會發生的反應。一個人若具有化學性心靈，他便善於用快樂來排除沮喪與憂鬱，用樂觀來消除悲觀，用和諧來解除偏激，用友愛摒除仇恨。一個人若懂得這種對自己情緒的管理，他便不會有痛苦的心情。

一個人往往因為不知道心靈上的化學原理，而無法消除思想上的各種苦悶和煩惱。人們應該在無法避免的苦悶時期，用理性的力量來引導自己，使心靈上的各種苦悶得以消除。

熱水與冷水混合在一起才能適合人使用，人調節情緒也應如此。怒氣可以用友愛和平來消除，仇恨也就無法存在，如果你愛人如己，嫉妒和報復將不復存在。

很多人都只是想著要把惡念驅逐，但卻不知如何驅逐，而有效的方法就是用善良的觀念來替代這種惡念。有句話說得好：「驅逐黑暗最有效的方法就是讓光明進來」。

實驗表明，邪惡思想不利於人體的細胞。激動、憤怒的情緒可能讓一個人的神經系統受損達數星期之久。健康、愉悅、和諧、友愛讓體內的細胞更具活力，而偏激、絕望、悲傷則讓細胞受損。科斯教授的實驗證明，憤怒、憂鬱使身體失去和諧，而快樂則使細胞得到滋養並增進其再生能力。

可以肯定的是，人不可能永遠處在好情緒之中，生活中既然有挫折、有煩惱，就會有消極的情緒。一個心理成熟的人，不是沒有消極情緒的人，而是善於管理自己情緒的人。

成敗掌握在自己手中

「成功」二字擁有巨大的魔力，人人都渴望能得到，但很少有人能說自己是成功的，甚至於很少有人知道到底成功是什麼。

在通常意義上，成功是指一個人憑自己的能力做出了一番成就，並且獲得了社會的認可。成功其實包含兩方面的含義。

一是社會認可了個人的價值，並賦予個人相對的酬謝，如金錢、地位、房屋、尊重等等。

二是自己認可自己的價值，並且充滿自信、充實感和幸福感。但是人們往往忽略了成功的後一種含義，認為只有在社會認可我們、他人尊敬我們時，我們才算度過了成功的人生，只有在鮮花和掌聲環繞著我們時，才算是到了成功的時刻；但不要忘記，僅僅認為社會認可自己成功並不是真正的成功，更重要的是你是否認同自己的成功。

成功並不只有是地位和財富，一個人要擁有內在的豐富，有自己的真性情和真興趣，有自己真正喜歡做的事。只要你有自己真正喜歡做的事，在任何情況下你都會感到充實和踏實。那些僅僅追求外在成功的人，實際上是沒有自己真正喜歡做的事的。他們真正喜歡的只是名利，一旦在名利場上受挫，內在的空虛就會暴露無遺。

成功是無法用財富來衡量的。我們經常看到許多心靈匱乏的富人，不但自己不快樂，甚至還因為他們的貪婪，為別人帶來許多傷害。極度的貧乏與無知是成功的兩個障礙物。缺乏足夠的食物以及足夠的教育來發展謀生技能，滿足人們生活與健康的基本需求，人們就無法去瞭解任何成功的概念。世上大多數人關心的是生存而非成功。

對我來說，成功就是終身學習、創造與分享的過程，活得成功就是盡可能的去開發個人潛能，展現出一種讓你快樂、滿足的狀態；同時，讓世界分享你的潛能與貢獻，使世界變的更美好。

成功並不是你擁有什麼，而是不間斷的運用你的資源；成功並非終點，而是一種旅程。有些人認為成功就是你留給孩子或別人的東西，但我認為，成功是你留給孩子或別人值得仿效的榜樣。換一種說法，成功就是你和那些生活受你影響的人，所共同經歷的一種快樂回憶的集合。

有人說，失敗令人沮喪，是在浪費生命；也有人說，失敗是一種天然的肥料，它能灌溉播種成功種子的土地；還有人說，失敗好象硬幣的正反面，關鍵是我們如何去認識和對待它。其實，成功與失敗往往在一念之間，完全取決於我們自己。

世上有人淡泊於名利，但沒有人會願意自己徹底窮困潦倒，成為實際生活中的失敗者。沒有人可以完全避免失敗，任何人在年輕時都曾經歷過一些失敗，我也不例外。其實，失敗只是一種學習如何不向下沈淪的不愉快經驗，失敗正是成功的養分。如果我們可以誠實的瞭解、分析失敗的原因，失敗的經驗就不是絆腳石而是墊腳石。

我一向視失敗為一種暫時性的不便。因為一時無法充分具備成功所需的知識和技能，所以遭致失敗。

換言之，失敗是一種避免重蹈覆轍的教訓。許多人因為一再的失敗所帶來的痛苦和反感，便害怕去嘗試與挑戰。其實，失敗並不代表一個人，而是一個值得我們去學習與成長的單一事件。

失敗，其實就是自己的一種感覺，是在通往目標的過程中，由於自己的行動多次受阻而產生的絕望感，是自己在自己心中滋養起來的心理囚徒，如果不解放它，我們可能會做錯，可能走了冤枉路，可能離原來的目標更遠了，但是，這一切都是寶貴的體驗和收穫，如果我們願意進一步地嘗試和努力，那麼原來的錯誤就是我們前進的階梯。

但是，如果我們在挫折之後對自己的能力或「命運」發生了懷疑，產生了失敗情緒，想放棄努力，那麼我們就已經失敗了。所以，失敗僅僅是自己的一種感覺，一種絕望的感覺。在客觀世界中，沒有什麼失敗，失敗僅僅存在於失敗的人的心中。

在我們的經歷裏，成功與失敗必然交織在一起，失敗或許是自己的過錯，或許是因為不當的冒險，或許是由於未能適應情勢的變化，或許是別人沒有助一臂之力。在今後的人生中，仍會遇到成功與失敗。我們最終將是一位成功者或是失敗者，並不在於目前我們是成功還是失敗，而在於我們如何對待自己的成功和失敗。

我們常常可以看到，有人把成功歸於個人運氣的好壞，其實不管是好運氣還是壞運氣，都會公平地擺在每個人面前。人生從不會特別地關照某一個人，關鍵看你如何抓住擺在你面前的機會。所謂的好機會，不會是坐在院子裏就會從天上掉下來的；所謂的壞運氣，也不會在你刻苦努力之後仍然讓你失敗。那些整天感嘆自己運氣不好的人，擺在他面前的除了失敗，絕不會有奇蹟出現；而在任何困難面前從不畏懼，把困難當做考驗自己的好機會的人，就會取得成功。所有的事情都存在著好與壞的兩個方面，好運氣與壞運氣是可以相互轉換的。勤奮的人，在好運氣的時候不放棄任何機會，在壞運氣到來時，更加努力工作，把它轉化為好運氣，這樣的人無論做什麼事情，都會成功。

人生就好像是一場遊戲，有人輸有人贏，而成敗則掌握在你手中。

轉變舊的思維和觀念

我們身處的社會，無時不在發生著變化，這就要求我們要經常轉變思維和觀念，尤其是一些舊有的思維和觀念。

一天，我剛處理完出版社的業務，我的秘書告訴我有個人想見我。在客廳裏，這個三十多歲的男子向我開口說：「我叫鮑勃。一年前，我經營一家餐館，生意一直不錯，可是最近幾個月生意越來越差，我也一直努力的工作，請告訴我為什麼會這樣？」

我問他：「你是否一直沿用你開始的管理經營方式？」他點了點頭。

我接著說：「問題就出在這裡，事物都是在變化的，你何不試著轉變一下你原來的思維和觀念？」

三個月後的一天，我收到了鮑勃的一封信，他在信中說：「……我轉變了我的經營方法，我的生意已經越來越好了。這一切都應該感謝你。」

從某種意義上說，一個人能否成功，要看他的態度，也就是要看他的思維和觀念。成功人士與失敗人士之間的差別是：成功人士始終用最積極的思考，最樂觀的精神和最輝煌的經驗支配和控制自己的人生。失敗者剛好相反，他們的人生是受過去的種種失敗與疑慮所引導和支配的。

最常見，同時也代價最高昂的一個錯誤觀念，就是認為成功依賴於某種天才，某種魔力，某些我們不具備的事情。可是成功的要素其實掌握在我們自己的手中。成功是正確思維和突破觀念的結果。一個人能飛多高，並非由人的其他因素，而是由他自己的思維和觀念所制約。

我們的思維和觀念很大程度上制約了我們的成敗：我們怎樣對待別人，別人就怎樣對待我們；我們怎樣對待生活，生活就怎樣對待我們；我們在一項剛開始時的態度決定了最後有多大的成功，這比任何其他因素都重要。

有了積極的思維並不能保證事事成功。積極思維肯定會改善一個人的日常生活和工作，但並不能保證他凡事心想事成；可是，相反的態度則必敗無疑，實行消極思維的人一定無法成功。我從來沒有見過抱著消極態度的人，能取得持續的成功。

你的思想是你最大的敵人。正如莎士比亞所說：「事情沒有好與壞，只在於你如何看待。」

有人說，人類無法左右自己的思維。

然而，事實絕非如此。想要控制思維這個機器是很有可能的。既然千思萬緒都來自我們的大腦，喜怒哀樂都源於我們的思維，毋庸置疑，能否控制這個神秘大腦中的思維是相當重要的。這樣的想法雖像是陳腔濫調，但有許多人從生到死都沒有意識到這種想法的深遠含義和緊迫性。人們總是抱怨自己沒有注意力，卻沒有意識到，只要他願意，就一定能獲得這種能力。

一切個人的突破都始於思維和觀念的改變，然而我們要怎樣才能改變呢？

最有效的辦法便是讓腦子去想到舊思維和觀念所帶來的莫大痛苦，你必須打從心底體認這不僅在過去及現在帶給你痛苦，並且也確信未來仍然會帶給你痛苦；在此同時，你要想到所換成的新思維和觀念能帶給你無比的快樂和活力。我們所做的每一件事，不是為了避開痛苦，就是為了得到快樂，只要我們把任何思維和觀念跟足夠的痛苦聯想在一起，那麼便能很容易地改變。這個辦法是最基本的，在日常生活和工作中你要不斷反覆去練習，日久便自然能看到它的成效。

我們之所以對某些事會抱持不渝的信念，唯一的理由只不過是不相信它會帶來痛苦。第二種改變舊有思維和觀念的方法便是對其產生懷疑。如果你不怕丟臉，請問你是不是以前曾經相信某些觀點，而現在想起來卻覺得可笑？當我們有了新的依據，就會對以往所持有的思維和觀念產生疑問，進而打亂先前的把握感，用新的依據來建立新的思維和觀念。

事實上我們有許多思維和觀念都是來自於他人，只是當時沒有好好探究，如果我們能重新去認識，就會發現有些其實根本沒有道理，而自己卻相信了那麼多年。在日常生活和工作中你有多少思維和觀念，曾好好思考過它的出處？你所認定的一定對嗎？很可能在這些思維和觀念正是阻礙了你更上一層樓的原因，而你根本還不知道呢！所以，第三種方法是不要輕易相信和接受別人的思維和觀念。

在工作上，我們需要面對不斷變化的新事物，用老方法無法解決的問題日益增多。改進自己的工作方法是理所當然的事情，如果用以前的方法沒辦法做到，那麼，考慮使用和以前不同的做法將是新希望的開始。因此，在考慮一件事該怎麼做時，不應局限於以前的老方法，最好用一種嶄新的見解去尋求更新更快捷的解決方法。

一定要拋棄那種「以前是這麼做的」，「這麼做可以嗎？」，「不，辦不到」，「所以不可能」的思維定勢。應把目光轉向「試著想想別的辦法」的方向。不要要求一開始就能一步登天，向很困難的問題提出挑戰；所以應從身邊的、手頭的問題開始。可以說，這才是克服「辦不到」心理的最佳途徑。

當然，參考以前的做法也是可以的，只是並非要去模仿。將經驗作為尋求嶄新的、與之相對或相異的做法的啟發，僅此而已。絕對不要拘泥於以前的做法、固步自封。尋求新的事情，一定要積極思考並且親自參與，才能體會到轉變思維和觀念所帶來的樂趣。

社會在變，整個世界也都經常變化著，如果你在生活和工作中仍是一成不變，那麼將會落後於時代。

所以，只有轉變思維和觀念，你才能改變自己，才能擁有成功的人生。

行動是通向成功的捷徑

在生活中至少存在兩種類型的人：

一是天天沈浸於幻想中，看不到一點行動的痕跡；

二是善於把想法落實到計劃中，成為一個勇於行動的人。

你是哪一類人？憑你自己的經歷，你已經找到了答案。

但是，這個看似人人皆知的問題，在許多人身上並沒有引起足夠的重視，因為他們常常把失敗的原因歸究於外部因素，而不是從自我本身找到失敗的原因。

其中很重要的一點是：這些人常常是一名幻想大師，面對那些看不見、摸不著的東西經常心動不已，總以為光靠自己的意願就能實現人生理想，就能過自己想過的日子，就能成為一個被人羨慕的人。拋開這些特定的人不說，實際上在我們身邊，那些天天抱頭空想自己未來的人，之所以沒有人生的進展，就在於他們都是「心動專家」，而不是「行動大師」。

有人說，「心想事成」，這句話本身沒有錯，可是很多人只把想法停留在空想的世界中，而不落實到具體的行動中，因此常常是竹籃子打水一場空。當然，也有一些人是想得多做得少，這種人只比那些純粹的「心動專家」要強一些，要好一些，但通常他們也是很難取得成功的。

有句話說得好，一百次心動不如一次行動！因為行動是一個勇於改變自我、拯救自我的標誌，是一個人能力有多大的證明。

認識吉恩的時候，他快四十歲了，他受過良好的教育，有一份高收入的工作，他最大的心願就是能早點結婚，可是他一直在焦急等待有位美麗的女孩主動嫁給他，直到五年後，我再見到他時，他還是一個人生活。年輕的時候，我認識一位十分貧窮的女孩子，她並不很漂亮，她渴望找到一位能愛她的丈夫，她積極參加各種社交活動，最後終於如願以償。這兩個結局不同的事例說明：消極等待只會在原地踏步，只有行動才能有所收穫。

有許多被動的人平庸一輩子，是因為他們一定要等到每一件事情都百分之百的有利、萬無一失以後才去做。當然，我們必須追求完美，但是人世間的事情沒有一件是絕對完美或接近完美。等到所有的條件都完美以後才去做，只能永遠等下去了。

不管是誰，都不會信任一個做起事來拖拖拉拉的人，因為他的精神與工作上含糊粗拙，一點也靠不住，只要一看見他那粗拙的成績，就會想到他的為人。這些人也許在其他方面有很多優點，但由於做事的拖遝，很難得到別人的賞識，這種做事的方法將影響到他們的前途。想要獲得成功，就應該行動敏捷，這樣才能搶佔先機，從而擁有更多的財富。

大部分人存在的一個問題，就是對工作過分挑剔，一直在尋找完美的工作或老闆，可是他們並不自知他們不是完美的員工。許多人過分強調工作應該提供成就、假期、病假與退休。對於已經有工作且做得相當好的人而言，這個要求並不為過；而沒有工作的人，一開始便如此要求，似乎野心過大。尤其是一些剛走出大學校門的年輕人，更需要用行動來爭取你的要求。

很多人對工作抱著完全消極的態度，我對這件事非常吃驚。當我隨便問某某人他如何工作時，他可能會說：「今天剛好禮拜一，我猜還不算太壞。」或者「很好，因為今天是周末」。百分之八十的鐘錶用來告訴人們何時該結束工作，這算是不幸的事實。很多員工只是想早一點下班，而不是全心在工作中。

你至少要先起步，才能達到高峰，一旦起步，繼續前進便不太困難了。工作越是困難越要立刻去做，你等得越久，就會變得越困難、越可怕，就像第一次站在游泳池旁邊準備跳水一樣，你等得越久，跳水的機會就越渺茫。

比如，上司命令一個推銷員開發新客戶。事實上，即便是再有經驗的推銷員，突然到一個完全陌生的地方去做推銷工作，也會感到膽怯，這是很自然的事情。當他們在腦海裏浮現出遭人拒絕的場面，心情便會隨之變得沈重起來。但是，如果因此而採取逃避的態度，則絲毫不能改變現狀，打開局面。

總之，先要叩開客戶的門，至於可能出現什麼情況，到時再作考慮吧，這便是行動。經驗豐富者之所以經驗豐富，是因為他們深知：一味地憑感情的驅使而不付諸行動，將一事無成。

重要的是：要知道朝著積極的方向採取行動才是關鍵之所在。這一點也適用於經營方面。

比如，就選擇銷售戰略方案而言，現已提出兩個方案。經預測，哪個方案裏都有各自的利弊，故一時很難確定下來。經營本來就會有風險，所以總會不斷地遇到這種情況，在這種時候，常常會猶豫不決，不由得推遲決定的時間，但這樣做很可能發生以下情況：即浪費了時間，在你感到急需做出決定時也已坐失良機。為了避免以上情況的發生，首先需做出臨時決定，然後付諸行動。一旦出現消極面，當時就予以糾正，就這樣一步一步腳踏實地的推進工作。這樣做便不會變得愁悶、猶豫不決，所取得的成效也遠比不採取任何行動的要大得多。所以，積極的行動具有改變現狀的力量。

我結交過很多的成功人士，他們努力工作是因為他們真正在享受工作。任何行業的高級人士都是完全投入正在做的事情，專心致志，拚命努力，衷心喜愛所從事的工作，這自然也就能成功了。他們選擇需要時間的工作，表面上看他們在工作，其實，是工作佔有了他們。簡言之，他們有一種非常巧妙的態度，時常能將單調而辛苦的工作變成單純的喜悅。他們都有一個共同之處：在想做一件事的時候，他們會立即付諸行動，並能從中找到樂趣。

立即行動起來，不要等到萬事俱備以後才去做，永遠沒有絕對完美的事。預期將來一定有困難，一旦發生就立刻解決。時常想到「現在」、「明天」、「下禮拜」、「將來」之類的句子，跟「永遠不可能做到」意義相同；因此要變成「我現在就去做」。

一旦你堅定了信念，就要在接下來的二十四小時裏趕緊行動起來。這會使你前進的車輪運轉起來，並創造你所需要的必要的動力。一位演講家曾經說過，說空話只能導致你的一事無成，要養成行動大於言論的習慣，那麼即使是很艱難、很巨大的目標也是能夠實現的。

立刻行動起來，不要有任何的藉口。要知道，世界上所有的計劃都不能幫助你成功，要想實現理想，就必須趕快行動起來。成功的道路有千萬條，但行動卻是每一個成功者必須要付出的，行動是通向成功的捷徑。

如果你犯了一個錯誤，這個世界或許將會原諒你，但如果你未做任何行動，這個世界甚至你自己都不會原諒你。

第三章

生活中的智慧

生活是平淡還是多彩多姿，這取決於你對生活的認識和你的日常行為。在生活中，我們要善待他人，要養成節儉的好習慣，要善於和他人交往，要保持身心的健康，要經營好自己的婚姻家庭……如果能把這些看似平常的事情做好，那麼，原本平淡的生活也會變得多彩多姿。

善待他人就是善待自己

善待他人就是善待自己，善待他人就是無害人之心，就是與人為善，就是成人之美。

人生在世，總要和別人打交道。與人打交道，實際上就是自己怎樣對待別人和別人怎樣對待自己。這件事每個人天天都在做，但做的情況並不一樣。有的人做得比較自覺，有的人則比較盲目，有的人做得比較好，有的人做得不太好甚至很差。人與人友好相待，給個人、家庭、社會帶來了友誼、成功、進步和幸福；人與人不能很好的相處，則造成了各式各樣的個人悲劇、家庭悲劇和社會悲劇。

這些經驗與教訓使得今天的人們有了一個共識，人與人之間應該要互相好好的對待，也就是人們常說的「善待他人」。

有一個農夫費盡千方百計，找來一些優質的西瓜種子，並把它們種植了下去。鄰居們知道後，紛紛來打聽這優質種子的來源。農夫深怕大家都種出了優質的西瓜之後，自己就有了競爭的對手，於是便拒絕了。鄰居們只好繼續種植以前的西瓜種子。到了夏天，這個農夫認為自己一定會豐收，結果卻發現自己所收穫的仍是劣質的西瓜，比鄰居的強不了多少。

農夫內心非常的困惑，他為此請教了一位專家。專家說：「因為你的西瓜接受的仍是鄰居劣質西瓜的花粉。」

鄰居們因此嘲笑這個瓜農，可是他們很多人卻也犯著同樣的錯誤——唯恐自己吃虧，不願意幫助他人。其實每個人都是社會中的一員，與周圍的事物不可避免地發生著聯繫和影響。

那麼，我們為什麼要善待他人呢？

從生活現實來看，一個人與別人打交道，不是善待他人，就是不善待他人，沒有其他的選擇。兩相比較，無論對自己、對別人還是對社會，善待他人都是一種比較好的選擇。實際上，除非發生了什麼特殊的情況，人們很少會無緣無故地虧待一個人甚至坑害一個人。所以，一方面，人們在日常生活實踐的推動下，自覺不自覺地趨向善待他人；另一方面，社會和文明的進步促使人們日益做出善待他人的選擇。怎樣對待他人往往決定著一個人的命運、一個家庭的沉浮、一項事業的成敗、一個公司的興衰，甚至事關一個國家、一個民族的順逆強弱，這是從人生和世界大勢來說的。

從功利的角度來說，善待他人能較好地推動人們相互之間的理解和合作，做成做好各種事情；能較好地促進人們同心協力營造一個良好的生活環境，不斷提高所有人的生活品質；能較好地推進整個社會的全面發展和所有社會成員個人的發展，使這兩個發展中的動力激發到最大，阻力減少到最小。

善待他人可以分為低、中、高三個層次。

第一個層次是無害人之心。這是最起碼的要求和準則，是底線。它要求我們不歧視他人，言語、行為不欺負人、不傷害人，不佔人便宜、不讓人吃虧，不使人難堪，不幸災樂禍，不趁人之危，不見錢眼開，不報復別人。

第二個層次是與人為善。它要求我們尊重他人的人格、情感、工作和利益，有禮貌、講信用、有情有義、得理讓人，嚴以律己，寬以待人，知恩圖報，凡事行善，先人後己。

第三個層次是成人之美。己所不欲，勿施於人。設身處地，盡力助人，直至生死相許，捨己為人。

三個層次，三種境界，作為基礎，我們先把無害人之心這條底線守住，就已經是一個很好的開頭了。

再來看下面這個故事。

有個石油大王，他年輕的時候，只是個一無所有的流浪者。

一次，他流浪到一個偏僻的小鎮上，受到了鎮長傑克遜的熱情款待。

恰逢下雨，鎮長門前的道路變成了泥濘，來往的人們為了省事，便紛紛從鎮長的花圃上通過。看到美麗的花兒被踩得東倒西歪，年輕的流浪者替鎮長感到生氣，他冒著雨守護在花圃邊，督促人們從泥濘中通過。這時，鎮長挑著一筐煤渣過來了，他默默地將煤渣鋪在了泥濘的道路上。

年輕人十分不解，他以詢問的眼光望著鎮長，但傑克遜只是一味地笑。因為道路上鋪滿了煤渣，於是行人都從路上直接走過，沒有人再經由花圃而通過了。傑克遜意味深長地對他說：「看到了吧，關照別人就是關照自己。」

年輕人猛然醒悟，他牢牢記住了鎮長的話，這對他以後的事業發生了不小的幫助。當我們與他人產生矛盾時，為什麼不試著從他人的角度來考慮，先幫助解決他人的麻煩呢？或許就在這時，自己的困難也能迎刃而解。其實，矛盾與和諧都是人創造出來的。

有句話說得好：「**幸福並不取決於財富、權利和容貌，而是取決於你和周圍人的相處。**」你想做個幸福的人嗎？那麼就從善待他人開始吧！

要有良好的教養

不久之前，我拜訪了一個家庭。這個家庭的每一個成員，都有著出乎平常的良好教養和優良的生活習慣，這給我的印象非常的深刻。

總的來說，這個家庭是我曾拜訪過的所有家庭中，在行為禮貌、家庭教養、文化知識等各方面的教育中最出類拔萃的。家長教育孩子們，在任何時刻任何情況下都要表現出很好的禮貌教養，他們並不特意僅僅強調什麼是待客之道。

家長們教育所有的男孩子，要給予他們的姐妹們，如同對待陌生的客人們一般的尊重。每一個家庭成員對彼此表現出來的禮貌、殷勤和關心使人精神振作，感覺妙不可言。你在這裡根本聽不到一絲的粗魯與不文雅的言語，看不到一點兒魯莽粗暴的行為。所有人的一言一行、一舉一動，都流露著高雅精緻的良好教養。

在這裡所有的孩子們，從嬰幼兒時期就開始學著如何使他們自己有趣且讓人喜歡，同時學習如何使他人感受到幸福和快樂。

整個家庭有一個不成文的規定，就是每一個家庭成員都要著正式的服裝，參加晚上的餐會，正式得就好像他們正在等待某位重要特別的客人到來。

這個家庭的餐桌禮儀特別的引人注目。在餐桌上，每一個人都必須表現出他最愉快、最好的一面來。在餐桌上，你聽不到喋喋不休的抱怨聲而讓你心情煩悶焦躁，看不到拉長的苦瓜臉讓你食不下嚥，餐桌上的每一個人都在積極地運用詼諧的語言來表達他們有趣的念頭和想法，彼此快樂而又和諧的交談。每一個家庭成員都在盡他們的最大努力，讓每頓飯都是愉快的。其中也有一些小小的競爭，大家都在比看誰最能使大家輕鬆開懷，誰引出的話題最特別且讓人感興趣。在這個家庭的字典裏永遠不會出現「消化不良」這個詞的，因為每一個人都學會怎樣保持快樂的心情，而歡笑正是消化不良的大敵。

同時，在這個家庭中，所有的人都嚴格遵守餐桌上的禮儀。所有家庭成員都在努力地做符合時宜的事，同時互相尊重彼此的權利。他們表現出的親切友好給人的感覺並不做作，他們充分享受著親切友好快樂的氣氛，而不是僅僅為了給朋友或是熟人們一個好的印象。這種特殊的優雅精緻的氣氛，使這個家魅力十足。孩子們從小就學會了如何用一種熱情好客的南方的傳統，來熱誠衷心地接待來訪者和客人，使他們覺得在這個家中受到了莫大的歡迎。同時，孩子們也學會了如何使每一個人感覺舒適隨意，就好像回到自己家一般，這樣就不會有拘束的感覺了。

在這種教育下，所有的孩子們都養成了一個良好的行為習慣，同時，能從每一次聚會中學到新的東西。陌生人會認為，這個家庭整體上就是一所講授良好教養的學校，同時把拜訪這個家庭及其成員看作是一段令人愉快的經歷。的確，這個家庭中的家長們都擁有良好的家族傳統以及深厚的南方歷史背景，這個優勢使他們的孩子們也擁有了很好的與生俱來的優勢。在這個家庭中洋溢著一種騎士精神和友善誠摯的氛圍，讓人的精神不由為之一振。

許多家長似乎都希望他們的孩子，可以在家裏之外的地方，如學校或是出外旅遊時學會良好的禮貌，這是一種錯誤的觀念。每一個家庭都應當是好禮貌和良好教養的學校，家長們必須教導孩子們，在這個世界上沒有什麼能比形成一種優秀的人格、養成一種吸引人的風度氣質，並且同時具有一種能優雅輕鬆的娛樂的能力更重要的事了。他們必須知道人生最大的目標，就是發展形成一種極其優秀的人格和一種高貴的氣質。

在這個世界上，再也沒有什麼比優雅的行為舉止、良好的禮貌教養更能稱為一門藝術的了，也再沒有什麼東西能比有一種令人愉快的人格、品性更昂貴的了。

我們要心存感激

一部偉大的《聖經》給大家帶來了感恩文化，世界上再也沒有比這更偉大的觀念了。人的祖先─亞當和夏娃因為偷吃了禁果，而使得人類與生俱來就有罪惡，這使得人們不得不為了生活和成就心存感激。再加上主的兒子耶穌為大家贖了罪，大家理當感謝主。信仰基督教的人們，每天進食前，都必須向上帝禱告─「感謝主賜我食，感謝主賜我力」。

除卻信仰的因素，我也十分願意向大家講解心存感激的道理。

心存感激的法則來自於自然法則：作用力等於反作用力。因為大自然遵循著種瓜得瓜、種豆得豆的道理。你對生命、生活以及大自然心存感激，生活和大自然就對你賜予厚望。

當你將感激之情持久地固定在美好的事物之上，你接受的也將會是美好的事物。當你將自己的注意力集中在美好的事情之上時，美好的事物自然就會包圍著你，你的好日子就會到來。心存感激將會使你的心和你所企盼的事物聯繫得更緊，心存感激將使你獲得力量，使你產生對生活，對美好事物的信念。

很多人生活之所以落入困境，很大程度上是因為當他獲得生活的饋贈之後，他缺少了感激之情，因此他就失去了接近美好事物的機會。當一個人心中充滿了各種怨恨和不滿的時候，他就會牢牢記住那些不如意的事情，久而久之，他就會失去了生活的依靠，並且全心地關注那些瑣事、雜事，於是開始變得貧窮和悲涼。

我聽說過東方佛教的一個故事：一個原本英俊的雕塑家突然發現自己的面貌、行動舉止以及神情都變得醜陋、狡詐，令人可怕。於是他遍訪名醫，均無良方。在一個偶然的機會，他來到一座廟宇，向大師尋求幫助。大師瞭解情況之後說，我可以治好你的相貌，但你必須先為我的廟宇做一年的工，也就是雕塑幾尊神態各異的觀音像。觀音在東方來說，是慈祥、善良、聖潔和正義的化身。

在這一年中，這位雕塑家細心琢磨觀音的面貌和肢體舉止，想透過外形塑造出觀音的品格德行，他達到了忘我的境界。

當他工作完成的時候，大師帶他來到鏡子面前。他驚喜地發現自己的相貌已經變得神清氣朗、端正英武。他感謝大師治好了他的相貌。

大師告訴他：「是你自己治好了自己的相貌，你的病根是因為你過去兩年一直在雕塑夜叉。」這就是佛家所講的，相由心生，相隨心滅。

對生活、對大自然的一切美好的事物，我們要心存感激，則人生就會顯得美好許多。

有這麼一段話：「有一個女孩，她因為沒有鞋子而哭泣，直到她看見了一個沒有腳的人。」世間很多事情，常常是我們沒有珍視身邊所擁有的，而當失去它的時候才又悔恨。

心存感激，我們就必須給予。

大自然是不斷循環流暢的，你給予的越多，你獲得的也越多。並且任何一樣事物，當你給予之後，它就會雙倍地增加，所以你的收穫也就雙倍地增加。難道不是嗎？你愛對方，對方就會愛你，大自然憑空就收穫了雙份的愛。財富一旦流通起來，就會增值。當然，一旦播種了仇恨，大自然收穫的也是雙份的仇恨。給予與收穫的規律就是這麼簡單：想要獲得快樂，你就必須給予快樂；想要獲得愛，你就要給予愛；想要獲得財富，你就必須給予財富。

心存感激，我們就必須寬容。

寬容是給予的一種最高境界，是通往我們精神和靈魂增長之路的鑰匙。能夠寬容的人就能夠獲得力量的循環增長。實際上，再也沒有什麼比仇恨更能堵塞我們力量的增長流動。

我們首先應該寬容自己。寬容自己的一切愚蠢和錯誤行為，不要讓憂傷和懊悔折磨自己，我們就能從錯誤中汲取經驗。記住，我們不要讓過去的錯誤成為主宰今天生活的力量，否則你就是在讓錯誤延續下去。

其次我們要寬容他人。我們越早寬容他人，我們就越早享受生活的美好，再也沒有什麼比拿別人的錯誤懲罰自己更愚蠢的行為了。

不要因為你所在的公司中，有些主管一些的錯誤，你就認為有理由不斷地談論或指責這些錯誤。你要知道，至少你的公司主管還給了你成長的機會，你所要注意的是捕捉這些機會。

所以，當你取得了成就時，一定要培養心存感激的習慣，這是文明進展的力量源泉。你應該長久地、持之以恆地懷有這種感激的習慣，無論你獲得了多大的成就，你都要心存感激。

善於學習才能不斷進步

一個人要是沒有受過任何教育，那麼他肯定是要吃大虧的。無論他天生是多麼的威武有力，如果他是個文盲，他的力量也就要大打折扣了。所以只在身體上強壯是沒有用的，人還必須在精神和思維上強大。

有許多年輕人，他們任由時光流逝，也不肯抓住機會讓自己的思想充實，不肯讓自己獲得較高的教育，這是相當愚蠢的，因為如果沒有接受教育，那麼他們在一生中將得不到任何能力的提高，也許要等到中老年後才能明白過來，原來自己是多麼的無知。

我到過很多地方，而我每到一個地方，總要為當地的一些年輕人所擔憂，他們大多數是二十歲到三十歲不等，由於沒有接受過良好的教育，他們的生活是那麼的痛苦和無助。他們當中常常有人寫信問我說，到了這樣的年齡再去上學受教育會不會太晚，我說當然不晚。現在有那麼多學習的機會，夜校、函授學校、圖書館，還有出版的那麼多書籍、報紙、雜誌，只要有心學習，難道還怕學不成嗎？

當你為自己受教育的時間太晚而嘆息的時候，請不要再嘆息了，你應該抓緊現在的時間急起直追，因為有很多人，他們學習的時間比你還要晚，他們學習的機會比你還要少，但是他們已經開始自我提高了，你還有什麼理由去嘆息呢？

你首先要做的事，就是要堅決的打定主意，你一定要成為一個有文化、有教養的人，你要為以前所失去的做補償，你不要再受無知的折磨。你會發現只要你轉變了自己的觀念，世界就會變得不一樣了。

你還會發現，原來只要下定了決心，自己可以有這麼大的進步啊。你學習的態度，不應該遜於你在賺錢和做買賣的時候。其實每個人的心裏，都在渴望著自己的提高，自己的成長，所以千萬不要泯滅了這種渴望。

人一生下來就應該不斷的成長，這是人的生命含義和目的。應該每天都有一定的收穫，每天都開拓一定的視野，每天都獲得新的知識。但並不是說這些都應該是在學校來獲得，在學校之外的任何場所，我們都可以學習。生命不止，學習不止。這裡的學習，是從各種可能的管道來獲得有用的知識。

我認識很多用功的年輕人，他們有著一雙善於觀察的眼睛，並且在口袋裏放了一本書，因為隨時隨地都可以拿出來閱讀。他們這種學習態度，甚至比起那些在學校的課堂裏念書的學生們收穫還要大。年輕人總是善於接受新的事物，他們在接受和吸收的同時，既增長了自己的知識，又提高了自己的思考能力。

這個世界本身就是一所大學，從搖籃一直到墳墓，我們經歷的每一件事情，都能夠使我們更有經驗，更加成熟。不過，這都要看你是否具有學習的慾望和態度。

教育對於社會的意義就在於它可以使知識得到傳承和發揚，並成為受教育者自身的一部分。每個人在接受教育的時候就是在吸取知識、開發思維，當他們把自己所學到的知識應用在工作中，教育的價值就實現了，這個社會也會因此而不斷的前進著。那些不公開的、封鎖起來的知識，對於社會將來是沒有任何意義的。

一個人當他意識到自己所學的知識還不夠，而他自身又可以找到辦法支付學費的時候，就應該儘量幫自己找一所好的學校，找一個好的老師。在好老師的幫助和指導下，你可以更快更好的吸收知識的養分。

如果沒有這樣的條件，你可以自學。一個人可以學習很多的課程，比如歷史、語文、文學、音樂、繪畫或者機械等等。每個人都可以成為自己的老師，在學習的路上自己幫助和監督自己。

我們每天吸取和儲存的知識，往往會在未來的日子派上用場。書本不僅可以帶給你知識，還能給你勇氣和力量。當你學到越來越豐富的知識的時候，你就越來越知道自己應該朝什麼方向努力、怎樣努力，你離自己的目標也就會越來越近。這對於一個年輕人來說，比銀行裏有大額存款還要有價值得多。

能養成自己堅持不懈地、有計劃地、專心地，去學一樣東西的好習慣是非常可貴的。這樣的習慣可以幫助人們充分利用好每一天，而這些時間對於其他人來說，往往是在不知不覺中就浪費掉了，因為他們常常不能堅持專心的做一件事情。

如果一個人總能利用別人不能利用的時間，能夠真正領悟積少成多的含義，那他就擁有了世界上最寶貴的財富。很多自以為聰明的人，往往不能意識到充分利用時間的重要性。就好像很多人，他們總是不願意把一分一分的零錢積蓄起來，因為他們看不到這樣的錢在積蓄一段時間後會變成什麼樣，他們看不到本該屬於自己的財富。很多人習慣了一次就學很久，一次就學很多，但卻忽略了對平時一點一滴的細微知識的累積。

我認識一個男孩子，他甚至沒有上過高中，但是他卻把自己培養成了一個非常了不起的人。他是一個自學成才的典範，現在的他已經成了一所大學的教授。他告訴我他的很多知識，都是在處理日常事物和瑣事中累積起來的。對於他來說，知識沒有大小之分，只有多少之分。同時，他從來不允許自己錯過任何學習的機會，他常常利用閒暇的時間學習，哪怕只有幾分鐘，他也不會放過。

智慧之門永遠不會向那些懶惰的，妄想不勞而獲的人開啟。同時那些得過且過，毫無抱負的人也是無法看到智慧的光芒。如果要想讓自己擺脫愚昧無知、獲得智慧，你需要做的第一件事情，就是要不惜任何代價地去接受教育。

別為了工作而失去生活

有一天，史華茲對我說：「我的生活狀況很糟，我想是因為工作的原因，我該如何調整呢？」他的樣子看起來的確不容樂觀，我說：「你不應該為了工作而失去了生活，我建議你應該外出旅遊一段時間。」一週之後，我再見到他時，他已變成精神煥發。

我們生活在一個壓力極大的社會環境中，我們拚命地工作，是為了生活；但在實際上，不管我們有意或無意、主動或被動，工作幾乎成了生活的唯一。一旦失去了工作，我們不僅會在物質上短缺，同時也會在精神上垮掉。而在工作中，由於各種原因，又會使我們經常感受到難以解脫的束縛，以及無法避免的挫折，因此體驗到深刻的無力感與無奈。

世界上並不存在有十全十美的工作，但富有意義的生活卻是掌握在我們每個人的手中。

追求完美人生是人類與生俱來的基本需求。為工作所累，只注重事業成功終究不是完美的一生。關注生活，尋找快樂，生活本來就是你的！不要因為工作的壓力而把你風化變老，給生命以持久的鮮活，這才是最根本的。

有一句說：「工作可以使一個人高貴，但也可能把他變成禽獸。」你是不是覺得這句話真是說中了你的心事？意氣風發的時候，你覺得自己彷彿可以征服天下；沮喪疲憊的時候，你看你自己可能連一隻小螞蟻都不如。

同樣一個人，為什麼會如此糾葛不清呢？原因很可能出在把「工作」與「生活」混為一談。其實，工作就是工作，生活就是生活，如果錯把謀生的工具當成人生的目標，而且太把它當成一回事，就會把自己弄得一團亂。

工作與生活是兩回事，應該用兩種不同的態度來看待。工作上，不管你是醫生、律師、會計、打字員，你演的只是職務的角色；而回到真實生活裏，你要演的才是自己。

千萬不要小看家庭生活，事業的成功與否往往與家庭生活有直接的關係。一個從容的早晨，一頓豐富的早餐也許就決定了你一天的心情和工作效率。沒有人會覺得蓬頭垢面、饑腸轆轆地趕去上班會讓一天都有好心情。

你應該每天至少從事一種體育活動，時間不少於半小時；最好還能在家裏開闢出一塊能徹底不受打擾的地方，每天去那裡待上一刻鐘，在這段時間裏，只想積極的、讓你開心的事情。這種短時間的休閒對你的情緒會大有幫助。

與其讓自己的外表看起來更年輕，倒不如在我們的生活中，保持一份童稚的即興和好奇，保持年輕最好的方法就是多和孩童相處。

這個世界上有那麼多有趣、好玩的事，值得去發現、去探索、去研究，而工作只是其中一部分而已，我們千萬不能因為工作而失去生活，失去自己。

養成良好的習慣

人的身上的確有一種特殊的東西，可以讓我們窺見其未來，這種東西就是習慣。習慣就是你想都不用想，在不知不覺之間就會表現出來。我們被自己的習慣支配著。當習慣尚未定型時，它們是不明確、不穩定的，看上去甚至會有些古怪可笑；但它們會一天天的成長起來，最後支配你的行動。

有怎樣的習慣就會成為怎樣的人。也就是說，是烙在靈魂深處的習慣決定了一個人將來的命運，而不是包括家庭條件、社會背景、人際關係等在內的其他任何事情。

習慣的力量起初看起來似乎很微弱，弱如一根繩、一滴水，幾乎讓人感覺不到它的力量，但繩鋸木斷、水滴石穿，習慣的力量就存在於類似繩和水滴這種持之以恆、堅持不懈的重覆之中，等你能夠感覺到它確實存在的時候，它的力量已大得足以撼動山嶽了，這時候你若想改變它恐怕很難。所以，習慣一旦形成，它將在某種程度上成為一個人獨一無二的主宰。

習慣並非是與生俱來的，它是人在生活中慢慢培養而成，與一個人的成長經歷、生活環境、文化層次、知識結構等關係甚為密切。習慣是在長時間裏逐漸養成的，一時不容易改變的行為、傾向或社會風尚。人的天性大致差不多，而在習慣方面卻大相徑庭，所謂好習慣與壞習慣，大多是自我要求日積月累的結果，養成好習慣不容易，但它能使人終身受益；改掉一種壞習慣也不容易，它是對一個人意志力的考驗，但只要有決心，也沒有改不掉的壞習慣。

一種好的習慣養成以後，便不再有勉為其難之感，一切都順乎自然。習慣總是在日常中的小事養成，又體現於具體事件之中。諸如勤快、簡樸、禮貌、辦事迅速、喜愛清潔、勤奮工作等等，這些都是好習慣；而懶散、拖拉、奢侈、無理等等，這些都是壞習慣。簡而言之，前者造就人，後者即使不會毀損人，至少也會成為絆腳石。

每一個成功人士總有不同於常人之處，而所謂的「不同之處」，就在於他們具有許許多多良好的習慣。培根曾指出：「習慣是一種多麼頑強的力量，它可以主宰人的一生。一切天性和諾言，都不如習慣有力。」由此可見習慣之重要，甚至可以說，習慣決定了一切。良好的工作生活習慣，能使人受用一生，一個文明人不論是為自己還是為社會，都應該養成好的習慣。

一種好習慣的形成，是會讓你受益無窮的。比如說，快速走路，快速講話，一般人可能對此不以為然，但久而久之無疑就養成了快速行動的習慣，這也就是給自己有緊迫感的習慣。我遇到事情，凡是想到可以提前做完的，總是想辦法完成，而不是把今天的事拖到明天或後天去做。明天的事情今天做完了，晚上我又可以思考後天的事，我就能永遠把時間往前拉。這樣成「幾何速度」的遞增，其實是提升生命的質量，把人生拉前了，把成功提前了。反之，那種凡事都慢慢吞吞的人，遇事拖一天，也就能拖十天，甚至更長，其實更嚴重的是他大腦使用的頻率少了。人的大腦裏整天想著以前事情，必然就沒有空間思考新的事情，思考就不能創新，這種拖拉的習慣就會逐步往依賴上靠近。所以這是一個行動力的問題，行動快了，成功才能更快。

貝多芬在音樂創作上努力保持「無日不動筆」的創作的衝勁，即使「有時讓藝術之神瞌睡，也只為要使它醒後更興奮」，這個伴其一生的習慣最終幫助他用雄壯的音符扼住了上帝的「咽喉」；愛因斯坦說得更直接：「我沒有什麼特別的才能，不過是喜歡追根究底的追究問題罷了。」他把他的成功完全歸功於自己「喜歡追根究底」的習慣。成功的事業和人生其實是好習慣延續的結果，而失敗的事業和人生則是壞習慣導致的惡果。巴爾扎克有一句話使聽者自危：「要斷送一個人，只要讓他染上一樣壞的嗜好。」壞習慣對人巨大的危害性全都包含在這句話裏了。很明顯，一個人如果不能改掉壞習慣，那麼他終其一生也很難有所作為。

現在就培養起一些好習慣，讓它成為你日後的行為準則。

我提倡以下好習慣：

珍惜時間──時間是最寶貴的財富，珍惜時間你就會變成最富有的人。
勤奮工作──只有勤奮工作才能體現出你的價值，才能充實你的人生。
勤儉節約──只有勤儉節約，你才能變得富有，還會培養其他的美德。
不斷學習──時代不斷的變化，只有不斷的學習與更新知識，才不會落伍。
寬容待人──寬容待人能創造良好的人際關係，也是一個人修養和素質的表現。
積極進取──積極進取是一種樂觀向上的態度，不斷的進取，不斷的奮鬥，這樣才能不斷的贏得進步和成功。
好的習慣還有很多，如多交好友、有針對性地讀好書等等；而好的學習方式、生活方式，它會完美你的人生。
靜心仔細想一想，自己有哪些壞習慣和有哪些好習慣。從現在起你應該摒棄壞習慣，這樣才能幫助你自己，因為壞習慣會束縛你的發展；保持你的好習慣，並繼續養成其他的好習慣，你會受益無窮。

節儉是幸福生活的支柱

在眾多的好習慣中，節儉對於我們每個人來說是極其重要的。節儉是一種好習慣，也是一個簡單的習慣，它只要求你賺的錢比你花的多。換句話說，節儉就是你所花的錢應該少於你賺到的。

如果你是一個節儉的人，你將是快樂的。當你的所得比花費多時，當你的產能比消費多時，你的生活就意味著成功。這時的你信心十足，生機勃勃，壯志凌雲，同時也會友好地對待身邊的每一個人。世界會因此而美麗，因為如何看待世界完全在於你的喜好，當你的生活志得意滿時，世界也會隨之變得公正合理。

節儉的習慣提供給你支配自己精神的力量。你是自己靈魂的指揮官，你可以照顧好自己，往後你可以創造出超出你自己能力範圍的成就。

因此，你不僅可以照顧好自己，你還可以照顧好身邊的其他人：你的妻子、孩子、父親和母親，以及伸出手去援助那些老弱病殘及身處不幸之中的人，這才是生活。

那些只是為了生存而生存的人，並不比野人或是原始人強多少。亞當．史密斯說：「所有的財富來自於對土地的勞作。」他寫了一本以節儉為主題的偉大著作，這本書的書名叫《國富論》。這本書出版的那一年，恰逢美國《獨立宣言》簽署，巴寇稱它是一本：「毫無保留地促使人們向善的偉大著作」。

這本書中的名言：「所有的財富來自於對土地的勞作」，已經發展為今天我們常說的：「所有的財富來自於運用高科技手段對土地進行的勞作。」現在讓我們說：「所有的財富來自於對土地的精心照顧。」一項事業的成功在於你對它的熱愛。

不節儉的人會屈從於環境。你如果沒有儲蓄起來的盈餘，你將成為一個機會主義者，成為環境的附庸者，你只能跟隨其他變化因素的變化而行動，就像暴風雨中一片飄零的樹葉。盈餘提供給你支配其他事物的力量，但最重要的是，它使你在內心深處意識到你可以自給自足。所以，儘早培養起節儉的習慣，不管你已經多大年紀或你已經生活了多長時間。從今天開始，從你的收入中拿出一些存起來，不管它有多麼的少。

節儉的習慣是和其他許多好習慣相伴而來的。節儉意味著勤奮，節儉也意味著擁有理財觀念，理財就是對事情小心謹慎，對自己手中的錢財合理使用。不浪費那些仍可繼續使用的東西，把這些東西收藏起來，並且保存好。在鄉村，當我們收穫了比我們能儲存在地窖裏多得多的蘋果時，我們通常把它們削去皮，切成片，之後放在太陽下曬乾或放在爐子裏烘乾，然後孩子們會用針和線把這些蘋果穿起來，最後把它們放在閣樓上乾燥的地方。這樣我們什麼時候要食用，就可以什麼時候把它們取出來。農村的孩子們有時會用這種方式保存許多蘋果，然後把它們賣出去，用賺來的錢買衣服、書本、鉛筆或是鞋。

孩子們應儘早培養起儲蓄的習慣，這樣他們之中的絕大多數在長大後，就會成為有所作為的人，他們會擁有英勇無畏、樂於助人、積極向上的品格，其中的一些人還會成長為意志堅定和懂得領導藝術的人，成為他們所選擇的領域的領導者。

如果對一個人進行全面考察，我們會發現節儉的人比較健康。節儉意味著你不會暴飲暴食，每天早睡早起，而且睡眠保證至少八個小時。年輕人特別應該要有經濟頭腦，並且記住我們所擁有的一定是我們真正需要的東西。為了省錢而省吃儉用或是衣衫襤褸的舉動是非常愚蠢的。買的東西一定是那些你所需要的，用不著的東西就不要買。

本傑明．佛蘭克林為我們樹立了節儉的好榜樣。他寫了許多關於這方面的文章，而且寫得比其他我們已知的人都好。他從十二歲開始培養自己節儉的習慣，在以後的一生中都奉行這一原則，並且用自己的一生書寫著這一主題。

他成為那個年代裏美國最富有的人，不只是物質上的富有，更是在健康、頭腦、心智、勇氣、影響力上的富有。他集科學家、商人、語言學家、外交家和哲學家於一身。他總是為自己的理想而奉獻一切。他建立起賓夕法尼亞州立大學，在美國建立起第一家公共圖書館，組建了保險公司，發明了幾乎可以捕捉到閃電的小儀器，還發明了眼鏡，製造出第一個烹調爐，他還從法國帶回了華盛頓進行革命戰爭所急需的資金。本傑明·佛蘭克林是如此的精力充沛，如此卓越超群，這一切的根本原因就在於，他從小培養起了節儉的習慣。

在所有作家中，莎士比亞是我們所知道的最瞭解節儉價值的人。不只是因為他在錢財上的節儉，更是因為他擁有節儉的觀念，並把這種觀念運用於他的創作之中。他把自己的想法寫出來，從而養成了及時表達自己思想的習慣。但同時他也是一個商人，他不會在創作時受其他事情的干擾，這也是他至今仍活在我們心中的原因。

不管是誰，越早樹立起節儉的習慣，就會在社會生活中成為一名擁有好習慣的典範。花的比賺的少──這才是幸福生活的支柱。

巧妙應酬的學問

在我們的生活中，如何應酬恐怕是一件很頭疼的事情，但我們又避免不了應酬。應酬是一門學問，學會巧妙應酬，會使你在人際交往中如魚得水。

一、要注意服裝

一個人的「第一印象」是非常重要的，別人對你或你對別人都是一樣的。在應酬上，「第一印象」不好的話，如果要挽回，就必須要做很大的努力，所以「第一印象」要特別注意不可。

怎樣能給人好的第一印象呢？要有良好的第一印象，就要注意服裝。有人會有異議：「服裝哪會成為問題？應酬的內容最重要。」

你看見一個成年人穿了一件皺皺的上衣，你會有輕浮的印象嗎？你看某人穿的長褲褲管過長拖地，你會有「不好看」之感嗎？如果你的答覆都是正面的，那麼你就不能不正視現實。留意你的服裝吧，這意思並不是叫你穿上最流行的、最時髦的衣服，只是請你穿得讓人覺得有整齊、清潔之感，至於衣服是新、是舊，質料是好、是壞，都不成問題。

美國有許多家大公司對所屬員工的裝扮都有「規格」，所謂規格自然不是指定要穿得怎麼好看或指定衣料，而是「觀感」。

專家們所寫的書中，提出應酬前的衣飾應注意的六點：一是鞋子擦過了沒有？二是褲管有沒有過長？三是襯衫的扣子全部扣好了沒有？四是刮了鬍子沒有？五是梳好頭髮沒有？六是衣服的皺紋是否注意到？

不只是在美國如此，其實在世界上任何的地方都是一樣。

二、努力學習應酬的表現

當我們赴一個規模較大的宴會的時候，大家都會有一種不約而同的想法，就是最好避免和陌生的人同席，因為和熟人同席能有說有笑，和陌生人在一起就失去樂趣了。其實，這種想法真正是逃避學習應酬的意識在作祟，正如走進棒球場而不想練球一樣可笑。

在陌生人的宴會上主動與人談話，是獲得更多朋友的方法之一，在應酬學上，我們可以引用一個名詞，即「努力學習應酬的表現。」只有想辦法去認識更多的人，並使這些人都成為自己的朋友，才是人生真正的應酬方針。

你會說：「我又不打算在社交上大出風頭，我只是腳踏實地，自己做自己的，我有什麼必要去認識太多的朋友呀？」如果你有這種想法，那麼可以告訴你，馬克．吐溫也不是一個靠社交出風頭的人，他的主要事業只是埋頭著作，他只需要天才和更多的幽默感，然而，任何人都承認，馬克・吐溫是一個朋友最多，與朋友相處得最好的人。

他曾說過：「一個人，唯有可以和一個跟自己毫無利害關係的人都相處得十分有趣味，那才算有真正的快樂。」

三、欣賞和讚揚別人

我們日常生活中最常常忽視的許多美德中的一項，就是對別人表示欣賞和讚揚。當我們的兒子和女兒帶回一份好的成績單的時候，我們竟然忽視掉，而沒有對他們加以讚揚，或者是當他們第一次成功地做出一塊蛋糕，或做好一個鳥籠的時候，我們卻沒有給他們一番鼓勵。沒有任何東西比父母對子女的這種關注和讚揚，更能使他們感到快樂的。

下一次你在飯店裏吃到一道好吃的菜時，不要忘記說這道菜做得不錯，並且把這句話傳給廚房師傅。而當一位奔波勞累的推銷員向你表現出禮貌的態度時，也請你給他讚揚。

每一位傳教士、教師以及演講的人，都曾經歷過掏出肚子裏所有的東西，卻沒有得到聽眾一句讚揚的話的洩氣情形。

這些人會碰到這種情形，那些在辦公室、商店以及工廠的工作人員，還有我們家裏的人和朋友，就更可能會遭遇到這種情形了。

在人際關係方面，我們應該永遠不要忘記我們所有的人，也都渴望別人的欣賞和讚揚。因為欣賞和讚揚都會被所有的人歡迎的。

在你每天所到的地方，不妨多說幾句感謝的話，留下一些友善的小小火花。你將無法想像，這些小小的火花如何點燃起友誼的火焰，而當你下次再到這個地方的時候，這友誼的火焰就會照亮你。

四、做一個傾聽大師

我們注意到，常發牢騷的人，甚至最不容易討好的人，在一個有耐心、具有同情心的聽者面前都常常會軟化而屈服下來。這樣的聽者，在被人家雞蛋裏挑骨頭，罵得狗血淋頭的時候，也會保持沈默。

辛格曼．佛洛伊德要算是一位偉大的傾聽大師。一位曾遇到過佛洛伊德的人，描述著他傾聽別人時的態度：「那簡直太令我震驚了，我永遠都不會忘記他。他的那種特質，我從沒有在別人身上看到過，我也從沒有見過這麼專注的人，有這麼敏銳的靈魂洞察和凝視事情的能力。他的眼光是那麼謙遜和溫和，他的聲音低柔，姿勢很少。但是他對我的那份專注，他表現出的喜歡我說話的態度—即使我說的不好，還是一樣，這些真的是非比尋常。你真的無法想像，別人這樣聽你說話所代表的意義是什麼。」

如果你要使別人躲閃你，在背後笑你，甚至輕視你，這裡有一個方法：絕不要聽人家講三句話以上，就要不斷地談論你自己。如果你知道別人所說的是什麼，就不要等他說完。他不如你聰明，為什麼要浪費你的時間傾聽他的閒聊？

但這樣做的結果，只能是使自己處於不利的地位。

因此，在應酬中，如果你想成為一名優秀的談話家，就請先做一個注意傾聽的人。提出別人喜歡回答的問題，鼓勵他談談他自己和他的成就。

請記住，跟你談話的人，對他自己、他的需求和他的問題，更感興趣千百倍。他對自己頸部的癤痛，比對非洲的四十次地震更感興趣。當你下次開始跟別人交談的時候，別忘了這點。

保持身心健康

很少有人能領悟健康的身心，對事業是如何的重要和密切。然而，人的所有才華和能力的增強，整個一生工作效率的提高，都要依賴於健康的身心。一個人的勇氣和自信力的有無，取決於身體的健康與否，而勇氣與自信又是事業成功所必須的。

身心脆弱的人，通常總會猶豫、徘徊而缺乏創造力。

成功需要旺盛的精力，而旺盛的精力又源於健康的身體。如果一個人整天有氣無力，而身體頭腦又無多餘的力量，那麼他遇事必然手忙腳亂且無力應付。

你必須傾注全力，才能取得整個生命所繫的事業的成功。強健的體魄和堅強的心理會讓你無論做任何事，都會完全主動而不陷入被動。主動和自告奮勇的去工作，你才能專心致志，才能堅強有力，才能開創獨特的偉大事業。如果一個人筋疲力盡、無精打采、有氣無力地去做事，那麼他必遭失敗。很多人失敗的原因就在於，他們做事時總表現出軟弱無力。如果一個人整天死氣沈沈、缺乏遠大目標，又思想陳舊、意志不堅、步履蹣跚，那麼他永遠不會成就大事。

一個人不健康的身心會給其個人和社會造成無法估計的損害。

一個人最幸福的事，莫過於擁有健康的身體和健康的心理，因為生命力來自於健康，如果沒有健康，生命則毫無生趣和效率可言。

很多有知識、有才能的年輕人，因為不健康的身體而不得不放棄遠大的抱負。羸弱的身體使他們過著憂鬱的生活，他們認為不健康的身體使自己的才能無法發揮。

一個人身心健康時不懂得去珍惜，等到因為缺乏健康的身體而不得不放棄遠大的抱負時才後悔莫及；一生中最痛苦、最令人遺憾的事情莫過於此。因此，如何保持健全的身心，對於每個人來說都是非常重要的。

一個不懂得如何處理好工作與休息的人，一個不知道如何更替工作內容和環境使之擺脫單調的人，是一個思想無法活躍的人、一個呆板的人，過不了多久他就會對所從事的職業產生無聊感。這樣，他們的事業就會過早衰退，原因就在於沒能將工作與生活調節好。

一個有成就的人，絕不會是一個把所有的時間與工作捆綁在一起的人，他們甚至可以與一位老朋友花上半天時間聊天。

有一位大公司的總經理，事業上非常成功，但他並不像別人那樣整天忙著工作，而是把大部分的時間花在出遊和休息上，以此來保持自己清醒的頭腦與健康的身體，使自己有更高的效率、更大的精力地投入到工作中去，因此，儘管他每天只工作二、三小時，他卻能完成一般人八、九小時完成的工作。

一個人要想儲蓄體內的能量，在意外時能抵抗各種疾病侵襲，不致被束手就擒，就必須保持健康的身心。

「沒有遊戲的工作讓傑克變得愚蠢」，這是一句流行於美國的格言。遊戲是人類的天性，不可缺少。而有的老闆不顧員工的身體，是因為他們不知道，沒有好的休息，哪有效率可言。

一些人不顧規則，打破生物規律，一天做兩三天的工作，一頓吃盡兩三天的食物，以為在大自然的規則面前可以混過去，以為反正生病有醫療可以補救，不知有這種想法是多麼的愚蠢。

很多人一方面在糟踏著自己的身體，一方面又想透過醫治來保全自己的健康，而往往換來的卻是胃病、失眠、壓抑、神經衰弱等等病症。

只有身體強健者才可能有充足的腦力，而一個體弱者是無法發揮自己的才能，所以我們必須用有節制的生活保證我們健全的身心。

結婚要慎重些

文明的責任是解放人類，而自由又意味著責任。自由因給予而獲得，愛情因放棄而擁有。奴役別人，就等於奴役自己。堅定不移、始終不渝和永恆是男人和女人同獲自由的唯一可能。婚姻曾經是一種財產權，女人被男人所擁有，是一項流動財產。當女人企圖逃跑或在其他方面表現出桀驁不馴時，男人有權利阻止，甚至奪去她的生命。婚姻的詛咒，在於它使雙方不再享有自由賦予的溫柔和體貼。離婚自由則具有獨特的作用，它能使對待婚姻粗野的人轉變成紳士，能廢止國內的高壓手段，並使人們停止喋喋不休的說教。

結婚應該難一些，而離婚要簡單一些。可是現在，只要付給傳教士五十美分，他們會同意將任何東西嫁給任何人。每天，牧師們都會醒來給窗外的情侶們舉行婚禮，於是，婚禮隨處可見，在馬戲團、飛行氣球以及展示窗裏。我們說，婚姻是一種嚴肅認真的事情，應該慎重對待，怎麼能以輕浮嬉鬧作為開端呢？將要開始人生旅程的夫妻們，應該在接下來的一個月裏好好想想，身邊的人是否適合自己。一旦開始了旅途，將只有兩個人知道此番能否成功，那就是他們自己。

離婚的簡單化使離婚本身在眾多情況下變得不必要了，因為它將使男女雙方靜下心來以達成諒解。這就加強了兩個人的感情，不至於使愛人變成蠢蛋。

儘管離婚是緩解尷尬境況的有效辦法，但它卻是一場駭人的悲劇性結局。在我所知道的事情中，沒有什麼比婚姻不和睦更糟糕的了，與一個你不愛的人一起生活，簡直就是一種痛苦。男女之間真正的愛情，才是世間最強大、最穩固的力量。

愛情本身是真摯的，因而，男人和女人的結合是生命中最神聖的事。在大自然中，男人應該擁有愛情賦予的一切權利，這樣的道理也同樣適用於女人。愛情，這種至高無上的事情，在生活中是不能被男人完全控制的。這種至高無上的力量塑造並給予了我們幸福，同時也賦予我們選擇的權力。當愛情、榮譽和尊重消亡的時候，也就是它們該以聖潔的名義分開的時候了。除非我一開始就同意主人和奴隸的分化，完全贊成男人掌握女人，從本質上承認男人擁有女人所創造的一切，甚至包括孩子，否則我根本就不能理解女人為什麼要把工資原封不動地交給男人。男人的干涉使雙方都認為已擁有對方，這將帶來不良的影響，換句話說，也就造成了奴役。多數已婚男人對待其他女性比對自己妻子更尊重，這是因為這些男人認為他們已經像持有擔保契約一樣，擁有妻子了。

男人愛女人，女人愛男人以及他們對子女的愛，都是神聖的本能。我們應以無限的真誠對待自己的愛人，這應在所有男人和女人心中銘刻，並使之成為永恆。幸福源於忠誠，這條法則適用於人類社會的各個方面。誠實是一種美德，因為誠實減少了生活中的困惑，而能帶來美好的結局。

我相信男人、女人和孩子三位一體是最幸福的組合，這對我來說似乎是神聖的。在這個組合中，女人應該是男人的伴侶，而非他的僕人、苦工、奴隸甚至玩物。幸福應建立在平等之上。既然你付出了努力去贏得她的愛，就要在生活中好好去珍惜。珍惜她，就需要你全心全意去愛她、對待她和孩子。

因為愛情受到種種束縛、羈絆和蒙蔽，才使得色情場所大量的存在，於是愛情便在市場上標價出售了。當然，一個正常、健康並深愛著妻子和孩子的男人是不會為之所動的，他永遠將妻兒放在心中。神聖的智慧將忠誠和權利的種子植於我們心中，使我們不會鋌而走險，它們使我們認識到，如果那樣做就等於死亡。

給男人和女人自由，他們才會繼續前行。否則，婚姻就失去了意義。

我想像不出，有什麼比成長並生活在充滿紛爭的家庭氛圍中更可怕的事情了。正如華萊士所說：「環境造就人。」家長的一切暴政往往會表現為對孩子的專橫。

在這篇文章中，我只是說出了一些男人和女人的普遍想法，這只是他們想說的或會承認的事實，我替他們說了出來。當然，我的主旨是，告訴想要結婚的男人和女人們：結婚要慎重些。

把精力用在正確事情上

眾所周知，煤可以發電，但很多人不知道，其間的損耗是巨大的，百分之九十九的能量損失在機械和運輸上，最後只有不足百分之一的能量發出了光。這驚人的損耗也就成了科學家致力補救的大問題。

現在的年輕人，總是以為自己年輕，有無窮的精力和能量，希望憑藉著自己充沛的精力而取得事業的成功。他們為青春所帶給他們的一切而驕傲，可是他們並沒有珍惜這一切。通宵的熬夜、酗酒、生活不檢點又很少運動等等，這些都透支他們的生命和青春，當自己察覺的時候為時已晚，他們質問著自己：「我的青春哪裡去了？原本是會發光的生命怎麼突然如流星一樣變成了石頭了？」

他們驚訝地發現，他們引以自豪的青春，不但沒有使自己功成名就，更沒有把自己的事業推向不朽的輝煌，原本是引以為傲的精力和能量，都已像用來發電的煤大半耗損在路上了。一個富家子弟，在一時間揮霍了祖輩幾代積攢的家產，實在令人惋惜，甚至痛惡，如果他揮霍的是人生最大的資本—青春，那更是不可饒恕。

眾所周知，家產的潰散，仍然有許多方法可以挽回，但青春一去則不復返，並且還有一些其他的東西，不知不覺的離你遠去，比如地位、尊嚴，於是，你的生命可能就這樣被埋沒了。

有些人在旁支細節上浪費了精力，有些人則因為性情急躁而在吹毛求疵、發怒抱怨上損耗了精力，更不值得的是，在這上面損耗的精力要比在工作事業上多得多。比如，無故的與人發脾氣、生氣，就好像一個鬆動的水龍頭，點點滴滴地流逝了自己的生命。又如，有些老闆動不動就對職員發火，雞蛋裏挑骨頭，大加指責，這種作法其實是很不明智的，不但影響自己的心情，浪費了自己的精力，又失去了部下的尊重和良好的溝通。

很多人在疑慮、困惑、煩躁上浪費了大量的精力，他們在做事的時候總是猶豫不決，前怕狼後怕虎，當自己被逼到做出選擇的緊要關頭時，又因精力的耗費而自失勇氣了，他們好像一架不能正常運作的救火機，在機器上用盡所有力量，唯獨不把力量用在把水噴灑到火處上。

光陰似箭，我們應儘量避免使自己生命和精力受到損耗的事情，當你真的身處逆流的時候，你就得盡力的擺脫和補救。事情過去了，就不要再把思緒放在過去，徒費精力而毫無結果，不要讓過去的腳步成為今日的絆腳石，身外之物不可強留，該忘記的就忘記，別讓那些失敗耗費我們的青春。

那些使你受到傷害，浪費你生命的事你都應該盡量避免，在做事之前，我們應該考慮，我們這樣做會產生什麼後果，得到什麼，失去什麼，我們是徒勞無功，還是水到渠成。

若是一個人沒有累積足夠的力量，那麼他一旦遭受挫折就很難在東山再起。很多年輕人，都是因為沒有累積足夠的力量、相當的謀略和必備的社會經歷，從而導致解決不了眼前的問題，更別說困難時期的麻煩了，於是在成長的道路上屢遭挫折。

一些人之所以平庸、無所作為，就是因為自己對自己的投資過於吝嗇，不會運用自己的精力，他們缺少良好的教育，又沒有好的理論修養和思想認識，就像種莊稼，只播了種子而不澆水施肥，豐收從何談起。

在我們的一生中，一定會遇到這樣或那樣的好機會，而我們是否能抓住它，並以此平步青雲，就全看我們是否做了足夠的準備和具備充足的力量了。

我們力量累積的越是充分，越是能應對突然之變。對於各種不同的事業，我們在經驗、能力、謀略上的累積一定會產生巨大的幫助，凡欲成大業者，都應該時刻累積著，以備不時之需。

舉個例子來說，海尼是一名議員，他的演說詞發表之後，韋伯斯特認為自己無法駁斥，可是韋伯斯特又不能不在第二天的議會上不作答辯。現在他真的沒有退路了，沒有充分的時間，沒有資料，沒有助手，但答辯又關係到美國的國運問題，韋伯斯特的答辯直接影響著議會的決議。在這千鈞一髮的時刻，他的境況好比站立在萬丈的懸崖上。然而奇蹟發生了，韋伯斯特在議會上發表了一篇演說詞，獲得了很大的成功，而這篇演說詞是用一個晚上草草寫成的。他曾告訴別人：「那個晚上我只是一個人靜靜地坐著，思考，再思考，回憶著平日的所得和記述，還發現了書架上的一本筆記並且以此作為資料，寫成了演說詞來回覆海尼。」毋庸置疑，韋伯斯特勝利了，他贏得了議員的支持，演說很成功，論述也很充分。

其實，這些都要歸功於他平日裏的累積和他豐富的社會經驗，不然，如此倉促的時間怎麼能孕育出這樣成功的答辯呢？

要把精力用在正確的事情上還應懂得，一次只做一件事情，一個時期只有一個重點。聰明人要學會抓住重點，更要遠離瑣碎事務，以便節省精力，好把節省下來的精力用在刀口上。

一、學會限制時間

要學會限制時間，不僅是給自己也是給別人。不要被無聊的人纏住，也不要在不必要的地方逗留太久。一個人只有學會說「不」，他才會得到真正的自由。避開高峰，避免在高峰期乘車、購物、進餐，可以節省許多時間。

二、成本觀念

在生活中，有許多屬於「一分錢智慧，幾小時愚蠢」的事例，如為省兩塊錢而排了半小時的隊伍，為省兩毛錢而步行三站等等，都是很不划算的。對待時間，就要像對待經營一樣，時時刻刻要有一個「成本」的觀念，要算好帳。

三、精選朋友

多而無益的朋友是有害的。他們不僅浪費你的時間、精力、金錢，也會浪費你的感情，甚至有的「朋友」還會危及你的事業；要與有時間觀念的人和公司往來。

四、避免爭論

無謂的爭論，不僅影響情緒和人際關係，而且還會浪費大量的時間，到頭來還往往解決不了任何問題。說得越多，做得越少，聰明人在別人喋喋不休或爭的面紅耳赤時，常常已走出了很遠的距離。

五、積極休閒

不同的休閒會帶來不同的結果。積極的休閒應該有利於身心的放鬆、精神的陶冶和人際的交流。在疲勞之前休息片刻，既避免了因過度疲勞導致的超時休息，又可使自己始終保持較好的「競技狀態」，從而大大提高工作效率。

六、把某些問題擱置

不要固執於解決不了的問題，可以把問題記下來，讓潛意識和時間去解決它們。這就有點像踢足球，左路打不開，就試試右路，總之，儘量不要「鑽牛角尖」。

激發自身的潛能

約翰．費爾德看到他的兒子馬歇爾在戴維斯的店裏學著招攬生意，就對戴維斯說：「你覺得馬歇爾學得如何呢？」

戴維斯就從桶裏拿了一顆蘋果給約翰，並且回答說：「我們是多年的老友了，我不想讓你以後後悔，本身我又很直率，喜歡實話實說。他確實是個穩重的好孩子，這毫無疑問。不過，因為他天生不是做商人的料，即使在這裡學上一年，也不會成為一個出類拔萃的商人，你還是帶他回鄉下學養牛吧！」

幸好馬歇爾沒有一直待在那裡做個店伙計，否則他以後就不可能成為舉世聞名的商人了。後來他去了芝加哥，目睹了許多貧困孩子做出了令人吃驚的事業。這一切喚起了他的志氣，堅定了他成為大商人的信念。他自問：「別人能做出驚人的事業，為何我就不能呢？」實際上，他有成為大商人的天賦，只是在戴維斯的店裏，他的潛能無法被激發。

一個人的才能一般源於天賦，而天賦又不會輕意改變。但是，多數人深藏潛伏的志氣和才華必須藉由外界事物才能予以發揮。激發的志氣如果能不斷加以關注和培養，就會發揚光大，否則就會萎縮消失。

因此，如果不能把人的天賦與才能激發，保持以至發揚光大，那麼其潛能就會逐漸退化，最後失去它的力量。

愛默生說：「我最需要的是，有人讓我做我力所能及的事情，而這正是表現我自身才能的最佳途徑。只要盡我最大的努力，發揮我的才能，那些拿破崙、林肯未必能做的事情，我就能夠做到。」

我們大多數人體內酣睡的潛能一旦被激發，我們就能做出驚人的壯舉。

美國西部有一位老人，他中年時還是個目不識丁的鐵匠。現在六十歲的他卻成了全城最大圖書館的主人，並且得到很多讀者的稱讚。人們認為他是一個學識淵博並且樂於為民謀福利的好人。而這位可敬的老人唯一的志向，就是要幫助人們接受教育從而獲得知識。自身並沒有接受系統教育的他，是如何產生這一偉大抱負的呢？原來是他在很偶然地聽了一次演講，是關於「教育之價值」的演講。結果，這次演講使他潛伏的才能被喚醒了，使他遠大的志向也被激發了，從而讓他成就了一番造福民眾的偉大事業。

在我們的現實生活中確實存在許多這樣的人，他們的才能直至老年時才表現出來。是什麼激發了他們的才能呢？有的是受有感染力的書籍而被激發；有的是受有說服力的演講而被感動；有的是受朋友真摯的鼓勵而被鼓舞。其中朋友的信任、鼓勵和讚揚，對於激發一個人的潛能，作用往往是最大的。

有一位推銷員從朋友那裡聽到了這樣一句話：「每個人都擁有超出自己想像十倍以上的力量。」在這句話的激勵之下，他決定在自己的銷售過程中檢驗這句話。

於是他反省自己的工作方式和態度，發現自己把許多可以和顧客成交的機會給錯過了。這些情況往往是因為自己的準備不充足、心不在焉或者信心不足。於是他制定了嚴格的行動計劃，並付諸實踐到每一天的工作當中。比如，按計劃走訪客戶；增加每天訪問的次數；爭取更多的訂單等。兩個月後，他比較了一下自己的進展，果然他現在的業績已經增加了兩倍。一年後，他就驗證了「每個人都擁有超出自己想像十倍以上的力量」這句話。數年以後，他已經擁有了自己的公司，在更大的舞臺上檢驗這句話。

人們往往擁有自己都難以估計的巨大潛能。我曾經在我的公司裏做過實驗：將我的員工分成兩組，一組給他們制定了更高一倍的標準，要求他們一次就把事情搞定；另一組則允許他們有兩次機會。剛開始，第一組的員工對這個標準都不可思議，紛紛要求降低標準，但我拒絕了他們的要求。一個月後，第一組員工已經全部完全達到了技術指標的要求，第二組連為他們設定的低標準都有百分之十五的人無法達到。

這種情形使我非常感慨，我自己也為自己制定了一個更高的標準，一個當時超出了行業標準的標準，這個標準的設定使我的企業迅速成為當地本行業的領先者。

在印第安人的學校裏，他們曾經刊登過很多印第安人青年畢業時的照片。他們走出學校時的神情與他們走出家鄉時的神情迥然不同。畢業照片上的他們個個是服裝整齊，氣宇軒昂的模樣。

他們雙目炯炯有神，臉上流露出智慧，才華橫溢。你看到這樣的照片，一定會預見他們將來必能成就偉大的事業。但是他們大部分回到家鄉以後，拚搏奮鬥不久時間，就不能保持他們的標準而又「原形畢露」了。當然，這不能一概而論，也有少數人意志力堅強而具備了抵制淪陷的力量。

假如你和一般的失敗者面對面地交流，你就會發現他們失敗的原因了。這是因為他們缺乏良好的環境，缺乏足以激發人、鼓勵人的環境，缺乏從不良環境中掙扎奮起的力量，最終這使得他們的潛能不能得以激發。

無論在你的一生中的何種情形下，你都要不惜一切代價走進可能激發你的潛能，激發你走上自我成功之路的環境裏。竭盡全力親近那些瞭解你、信任你和鼓勵你的人，他們對你日後的成功，具有不可忽視的巨大作用。你更應該與那些努力要在世人面前有所表現的人接近，因為他們有著高雅的志趣和遠大的抱負。接近那些堅持奮鬥的人，會使你在無意中受到他們的感染，從而激發自身的潛能。

上帝賦予我們每個人一種才能，比如，管理公司的才能、繪畫的才能、寫作的才能、思考的才能等。無論你的才能是什麼，上帝都不希望你把它藏起來或者存放不用，而是希望你儘量去發揮你的才能。更進一步說，上帝不但希望我們發揮才能，而且更希望我們把才能發揮到極至。

國家圖書館出版品預行編目資料

一生相伴的智慧 / 阿爾伯特.哈伯德著； 杜風譯者. -- 初版. -- 臺北市 ： 種籽文化, 2017.10
面； 公分

ISBN 978-986-94675-5-1 (平裝)

1.生活指導

177.2　　106015548

Concept 110

一生相伴的智慧

作者 / 阿爾伯特・哈伯德
譯者 / 杜風
發行人 / 鍾文宏
編輯 / 編輯部
美編 / 文荳設計
行政 / 陳金枝

出版者 / 種籽文化事業有限公司
出版登記 / 行政院新聞局局版北市業字第1449號
發行部 / 台北市虎林街46巷35號 1 樓
電話 / 02-27685812-3傳真 / 02-27685811
e-mail / seed3@ms47.hinet.net

印刷 / 久裕印刷事業股份有限公司
製版 / 全印排版科技股份有限公司
總經銷 / 知遠文化事業有限公司
住址 / 新北市深坑區北深路 3 段 155 巷 25 號 5 樓
電話 / 02-26648800 傳真 / 02-26640490
網址：http://www.booknews.com.tw(博訊書網)

出版日期 / 2017年10月　初版一刷
郵政劃撥 / 19221780戶名：種籽文化事業有限公司
◎劃撥金額900(含)元以上者，郵資免費。
◎劃撥金額900元以下者，若訂購一本請外加郵資60元；
劃撥二本以上，請外加80元

定價：190元

喬木書房

喬木書房